U0724932

# 踝关节功能强化训练

## 预防损伤、缓解慢性疼痛与提升运动表现

闫 琪 / 著

人民邮电出版社

北京

**图书在版编目（CIP）数据**

踝关节功能强化训练：预防损伤、缓解慢性疼痛与提升运动表现 / 闫琪著. -- 北京：人民邮电出版社，2025. -- （人体运动功能强化及损伤预防训练丛书）.
ISBN 978-7-115-66957-5

Ⅰ. G808.1

中国国家版本馆 CIP 数据核字第 2025KF5975 号

## 免 责 声 明

本书内容旨在为大众提供有用的信息。所有材料（包括文本、图形和图像）仅供参考，不能替代医疗诊断、建议、治疗或来自专业人士的意见。所有读者在需要医疗或其他专业协助时，均应向专业的医疗保健机构或医生进行咨询。作者和出版商都已尽可能确保本书技术上的准确性以及合理性，并特别声明，不会承担由于使用本出版物中的材料而遭受的任何损伤所直接或间接产生的与个人或团体相关的一切责任、损失或风险。

## 内 容 提 要

本书首先介绍了人体运动系统的基础知识，并重点讲解了踝关节的解剖学结构与功能，接着对有关踝关节损伤风险的关节活动度及功能动作筛查方法进行了解析，随后以真人示范、分步骤图解的方式，对强化踝关节功能的七大训练步骤及其对应的动作练习进行了详细阐释与展示，最后提供了针对不同目标的训练方案，旨在帮助读者通过科学训练预防踝关节损伤，缓解踝关节慢性疼痛，恢复并强化踝关节功能。

◆ 著　　　　　　闫　琪
　 责任编辑　　　刘　蕊
　 责任印制　　　彭志环

◆ 人民邮电出版社出版发行　　　北京市丰台区成寿寺路 11 号
　 邮编　100164　　电子邮件　315@ptpress.com.cn
　 网址　https://www.ptpress.com.cn
　 北京瑞禾彩色印刷有限公司印刷

◆ 开本：700×1000　1/16　　　　　　拉页：1
　 印张：15.5　　　　　　　　　　　2025 年 8 月第 1 版
　 字数：288 千字　　　　　　　　　2025 年 8 月北京第 1 次印刷

定价：89.80 元

读者服务热线：(010)81055256　印装质量热线：(010)81055316
反盗版热线：(010)81055315

# 编 者 说 明

初识闫琪博士的"从功能到体能，从基础到专项"这一理念，是在 2019 年的"北京体能大会"上，当时闫琪博士发布了这一理论体系和思路。我们一拍即合，决定向广大的运动人群推广这一理念，相信可以帮助大家打破不少误区，纠正不少错误的训练方法，解决不少经年累月形成的、以为再也无法恢复的"老毛病"和一些虽然苦恼、却被医生认为还不需要进行医学治疗的"小毛病"。尽管闫琪博士一直在精益求精地反复推敲、论证和完善自己的理论体系，甚至直至图书成稿之后的几个月，还在吸收新的跨学科思想，不断丰富图书内容，但闫琪博士从来没有将这些新的思想"据为己有"，反而在图书筹备出版的这几年间，将自己的创新性理念毫无保留地进行了多次宣讲——在地方教练员的培训课程中，在研究生的专业课课堂上，在公开的峰会和讲座中。闫琪博士曾戏称："我的书还没有出版，大家可能就已经学会这些方法了。"这一切都源于闫琪博士"一切以运动员为中心"的信念，希望更多人能够受益。

闫琪博士在国家队从事教练员工作已经有 16 年之久，跟队服务过跳水、游泳、花样游泳等多支国家队，重点保障过施廷懋、林跃等多位获得了奥运会金牌的运动员，与专项教练、康复师、队医和心理咨询师等运动表现提升团队成员有过长期而深入的合作。对于人体的运动功能，他有着非常具有洞察力的理论研究和基于丰富案例的实践经验，是一位真正的有经验的教练。在服务国家队的过程中，闫琪博士始终秉持"一切以运动员为中心"的信念，打破固化的职责边界，不断以功能训练为中心点，一方面对医疗和康复端的工作进行观察和学习，另一方面深入钻研体能和专项端的工作，并在融会贯通之后重新树立了边界，构建了以功能为核心的桥梁，最终与赵鹏博士共同形成了"康复体能一体化"理念。

虽然"从功能到体能"这一理念是一位专业的国家队体能教练在训练精英运动员时的理论收获，但对于广大的、爱好活动的普通人同样具有非凡的意义。我使用了"活动"而非"运动"这一概念，是因为我们首先要借由这一理念重新建立这样一种认知：并非只有参与运动的人才会出现运动损伤，缺乏运动的人同样会因产生运动功能障碍且未及时进行纠正和改善，最终出现运动损伤。功能是人体各个部位在保持正确位置（对位）的前提下，维持良好身体形态和姿势，不受限地完成工作、生产和生活活动的能力。人体的活动能力可以通过关节的灵活性、稳定性以及动作模式来评价。灵活性不足、过度与稳定性缺乏，都会造成个体无法正确地完成一个动作，这包括可能看上去完成了动作，但其实是借助于身体其他本不应该参与动作的部位的力量才勉强完成的情况，也就是动作模式的不当，或者是出现了代偿。当一个本来就已经不标准的动作被高强度、高频率地重复时，这个动作就在对身体造成伤害。这个动作可能是跑步运动中的跨步，可能是高尔夫运动中的挥杆，更有可能就是你此时错误的坐姿和刚刚在健身房里挥汗"撸铁"时的下蹲。闫琪博士的理论告诉我们，只有确保身体功能处于正常水准，大量的体育及健身锻炼对身体的作用才会是正向的。

闫琪博士的理论也基于人体区域相互依存理论。人体是一个系统性的存在，决不能头痛医头、脚痛医脚。所谓的灵活性和稳定性，不仅指具有功能障碍这一部位的灵活性和稳定性，而且包括其相邻部位的灵活性和稳定性。强化膝关节功能的训练涉及髋关节和踝关节的灵活性强化，以及下肢和核心区的稳定性改善；强化肩关节功能的训练涉及胸椎和盂肱关节的灵活性强化，以及肩胛胸廓关节和核心区的稳定性改善；强化腰部功能的训练涉及胸椎和髋关节的灵活性强化，以及核心区的稳定性改善。在灵活性和稳定性问题得到改善后，训练者将进行动作模式训练，并在具备较好的动作质量的基础上，进一步进行功能力量训练，以提高动作能力。

闫琪博士的训练方法帮助了很多人：不仅有因为腰部损伤无法正常进行专项训练的奥运冠军，也有因膝关节慢性疼痛影响任务执行的部队战士，还有经历跟腱手术后无法下蹲的普通人，更有像我的父亲一样，虽然没有什么急性、物理性的损伤，但因为常年驾驶车辆慢慢发展成腰椎间盘滑脱Ⅰ度至Ⅱ度的老年人。我相信，闫琪博士的训练方法的最大使用价值恰恰就体现在这些非专业、缺乏活动的普通人身上，因为这些人才是遭受了功能障碍之苦而不自知，或者虽然自知却苦于无解决办法的"大多数"。闫琪博士帮助了太多人，我一直难以忘记在一次公开演讲中，一位观众在目睹了闫琪博士不到5分钟就改善了一位体验者的膝关节前侧髌骨疼痛的问题后，得知闫琪博士服务于国家队，不会在任何健身房、康复诊所出现时的失望。这也是为何，我们这几年来一直在打磨这套"人体运动功能强化及损伤预防训练丛书"，并希望它能尽快面世。希望这套书能够成为健身教练们的有力武器，帮助他们解决客户（也就是广大的运动爱好者们）的问题，也希望这套书能到达运动爱好者的手中，帮助他们更好地享受运动的乐趣，更希望这套书能被缺乏活动的普通人发现和使用，使他们接受闫琪博士的理念，获得更好的身体活动能力！

# 目　录

## 第 一 章　人体运动系统基础知识及踝关节结构与功能

### 1.1　人体运动系统基础知识　002

### 1.1.1　解剖学基本方位与术语　002

人体标准解剖学姿势　002

人体各部位　003

人体基本切面　003

人体基本运动轴　003

### 1.1.2　骨、关节与肌肉　004

骨　004

关节　005

肌肉　008

### 1.2　踝关节结构与功能　011

### 1.2.1　踝关节的解剖学结构　011

### 1.2.2　踝关节的辅助结构　011

韧带　011

跟腱　012

### 1.2.3　踝关节的运动　012

# 第 二 章 踝关节损伤风险筛查

## 2.1 踝关节损伤的常见类型 014

### 2.1.1 踝关节扭伤 014

### 2.1.2 踝关节骨折 014

### 2.1.3 跟腱炎 014

### 2.1.4 跟腱断裂 015

### 2.1.5 足底筋膜炎 015

## 2.2 踝关节损伤的风险筛查方法 016

### 2.2.1 关节活动度筛查 016

跪姿踝关节灵活性筛查 016

跑趾灵活性筛查 018

俯卧小腿屈膝上抬筛查 020

俯卧屈膝髋关节内旋筛查 022

### 2.2.2 功能动作筛查 024

双腿下蹲动作模式筛查 024

单脚脚尖支撑筛查 026

单腿下蹲动作模式筛查 027

髋关节铰链动作筛查 029

# 第 三 章　踝关节功能强化 训练策略与动作练习

## 3.1　踝关节功能强化训练策略　032

### 3.1.1　关节的灵活性与稳定性功能　032

### 3.1.2　功能训练的进阶模式　033

灵活性：关节最基本的功能　033

稳定性：控制一个或多个关节动作的功能　033

动作模式：多个关节协调运动的功能　034

功能力量：在一个或多个基础动作模式之上

增加负荷　034

### 3.1.3　踝关节功能强化的七大训练步骤　035

## 3.2　踝关节功能强化动作练习　036

### 3.2.1　踝关节周围软组织功能恢复训练　038

呼吸训练　039

泡沫轴滚压训练　042

筋膜球按压扳机点训练　046

肌肉静态拉伸训练　056

### 3.2.2　足踝灵活性训练　063

被动灵活性训练　064

主动灵活性训练　068

弹力带辅助主动灵活性训练　087

### 3.2.3　髋关节灵活性训练　091

软组织松解训练　092

肌肉静态拉伸训练　094

弹力带辅助肌肉拉伸训练　098

动态灵活性训练　100

### 3.2.4　核心稳定性训练　104

无器械训练　105

弹力带辅助训练　115

### 3.2.5　下肢稳定性训练　123

迷你带辅助训练　124

无器械训练　129

平衡垫辅助训练　134

泡沫轴辅助训练　141

动态控制训练　155

### 3.2.6　下肢动作模式训练　161

髋关节铰链动作模式训练　162

深蹲动作模式训练　166

弓箭步动作模式训练　170

落地缓冲动作模式训练　174

### 3.2.7　踝关节功能力量训练　177

无器械训练　178

弹力带辅助训练　193

负重训练　200

# 第 四 章　踝关节功能强化训练方案

## 4.1　针对踝关节常见功能障碍的训练方案 212

### 4.1.1　预防踝关节习惯性扭伤的功能强化训练方案 212

基础方案 212

进阶方案 214

### 4.1.2　预防足弓塌陷的功能强化训练方案 216

基础方案 216

进阶方案 218

### 4.1.3　针对踝关节背屈活动度不足的纠正训练方案 220

基础方案 220

进阶方案 222

### 4.1.4　针对踝关节稳定性不足的纠正训练方案 224

基础方案 224

进阶方案 226

## 4.2　缓解足踝常见慢性疼痛的训练方案 228

### 4.2.1　缓解踝关节外侧慢性疼痛的训练方案 228

基础方案 228

进阶方案 230

### 4.2.2　缓解足底筋膜慢性疼痛的训练方案 232

基础方案 232

进阶方案 234

### 4.2.3　缓解跟腱慢性疼痛的训练方案 236

基础方案 236

进阶方案 238

# 第 一 章

# 人体运动系统
# 基础知识及
# 踝关节结构与功能

　　运动解剖学是人体运动学领域极其重要的研究内容。在学习人体运动有关知识时，了解运动解剖学原理是必要的前提。它可以帮助我们很好地理解人体各个部位是如何工作的，以及是如何协调合作产生整个身体的运动的。

　　因此，本章将讲述人体运动系统的基础知识，并着重帮助大家了解踝关节的结构与功能。

# 1.1 人体运动系统基础知识

## 1.1.1 解剖学基本方位与术语

为了深入了解人体各部位的相对关系，我们需要有一个广泛认可的基本参考。例如，什么是解剖学中的标准体位或姿势，什么是前面和后面，什么是上部和下部，什么是内侧和外侧，以及什么是远端和近端等。

### 人体标准解剖学姿势

人体标准解剖学姿势指的是：身体直立，双脚并拢，脚尖朝前，双臂下垂，掌心向前。在学习人体运动系统有关知识时，无论身体处于什么姿势，一切与方位有关的描述均建立在人体标准解剖学姿势的基础上。

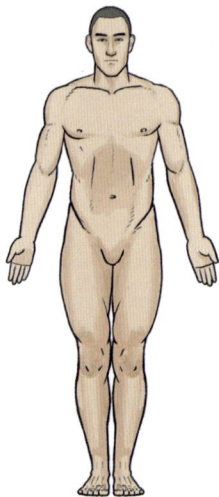

人体标准解剖学姿势：前面　　　　　人体标准解剖学姿势：后面

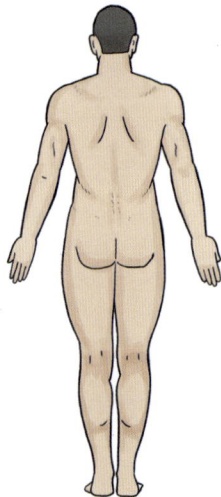

前面和后面，上部和下部，内侧和外侧，以及近端和远端等，都是相对状态。靠近腹部的位置是前面，靠近背部的位置是后面。离头部更近的位置是上部，离脚部更近的位置为下部。靠近身体正中线的位置为内侧，远离身体正中线的位置为外侧（在四肢中，上肢的内侧也叫尺侧，外侧也叫桡侧；下肢的内侧也叫胫侧，外侧也叫腓侧）。四肢靠近躯干或身体中轴的位置为近端，远离躯干或身体中轴的位置为远端。

## 人体各部位

人体可分为头部、颈部、躯干和四肢。四肢指的是上肢（上臂、前臂和双手）和下肢（大腿、小腿和双脚）。躯干部分主要指除头部、颈部和四肢以外的部分。

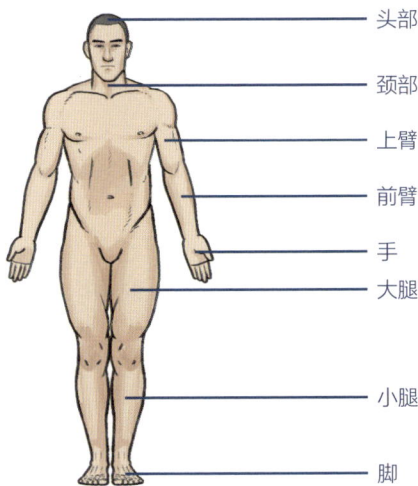

人体各部位

头部
颈部
上臂
前臂
手
大腿
小腿
脚

## 人体基本切面

想象有平面穿过身体，将其分为两个部分，并由此获得三个人体基本切面：矢状面、冠状面和水平面。这三个平面两两互相垂直。

矢状面：垂直穿过身体，将身体分为左、右两部分的平面。

冠状面：垂直穿过身体，将身体分为前、后两部分的平面。

水平面：平行于地面，将身体分为上、下两部分的平面。

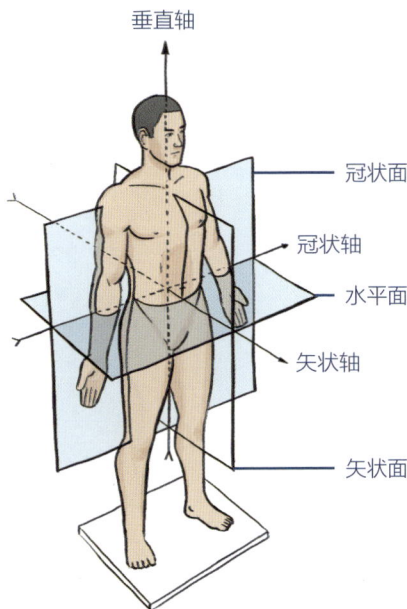

垂直轴
冠状面
冠状轴
水平面
矢状轴
矢状面

人体基本切面和基本运动轴

## 人体基本运动轴

人体有三个基本运动轴：矢状轴、冠状轴和垂直轴。这三条轴线两两互相垂直。

矢状轴：从前向后穿过身体，与冠状面垂直且与水平面平行的轴线。

冠状轴：从左向右穿过身体，与矢状轴垂直且与水平面平行的轴线。

垂直轴：从上向下穿过身体，与水平面垂直的轴线。

# 1.1.2 骨、关节与肌肉

## 骨

　　成年后的人体具有206块骨。这些骨相互连结，构成了人体的基本支架。人体的骨按形状主要可分为长骨、短骨、扁骨和不规则骨等。长骨为冠状，中间细长，两端膨大，主要分布于四肢。短骨近似于方形，主要分布于腕部和踝部。扁骨呈略薄的板状。不规则骨的形状无固定特点。

　　躯干骨包括26块椎骨（7块颈椎、12块胸椎、5块腰椎、1块骶骨和1块尾骨）、24块肋骨以及1块胸骨。其中，椎骨是典型的不规则骨，胸骨是典型的扁骨。

　　上肢骨包括4块上肢带骨（2块锁骨和2块肩胛骨）以及60块自由上肢骨（2块肱骨、2块尺骨、2块桡骨和54块手骨）。其中，肱骨、尺骨和桡骨是典型的长骨。

　　下肢骨包括2块下肢带骨（即髋骨）和60块自由下肢骨（2块股骨、2块髌骨、2块胫骨、2块腓骨以及52块足骨）。其中，髋骨是全身最大的不规则骨，股骨是最长的长骨。

　　颅骨有29块，主要由扁骨和不规则骨构成。

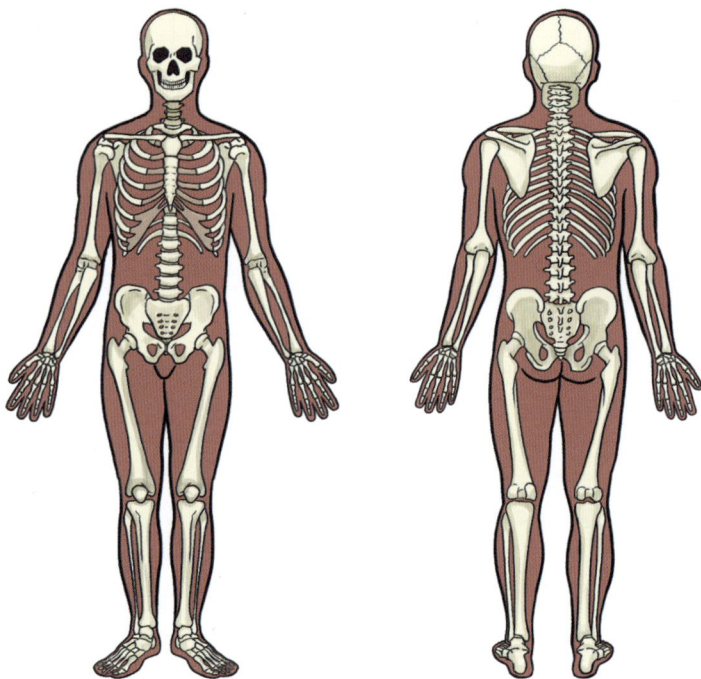

全身骨骼

## 关节

骨与骨之间的相互连结分为直接连结和间接连结。通过结缔组织、软骨组织或者直接愈合等方式无腔隙连结称为直接连结。通过囊性结构相连，中间有空隙，能够方便活动的，则称为间接连结，即人们所熟知的关节。

### 关节的分类

关节的分类方式主要有四种：按照构成关节的骨的数目分类；按照关节的运动形式分类；按照关节面的形状分类；按照运动轴的数目分类。

按照构成关节的骨的数目，关节可分为单关节（由2块骨构成，例如髋关节）和复关节（由2块以上的骨构成，例如肘关节）。

按照关节的运动形式，关节可分为单动关节和联动关节。例如，肩关节可以不依赖别的关节独立运动，属于单动关节；桡尺近侧关节和桡尺远侧关节共同作用完成前臂的旋前和旋后动作，属于联动关节。

按照关节面的形状，关节可分为平面关节、球窝关节、杵臼关节、圆柱关节、椭圆关节、鞍状关节及滑车关节。各类关节的特点如下表所示。

按照运动轴的数目，关节可分为单轴关节、双轴关节以及多轴关节。

| 名　称 | 特　点 | 运 动 轴 | 举　例 |
|---|---|---|---|
| 平面关节 | 两端的关节面都是平面状，只能做范围很小的运动 | 多轴 | 肩锁关节 |
| 球窝关节 | 一端的关节面为球面，另一端的关节面为凹面，凹面比球面小，可以绕多个轴运动 | 多轴 | 肩关节 |
| 杵臼关节 | 与球窝关节类似，不同的是，其凹面比球面大 | 多轴 | 髋关节 |
| 圆柱关节 | 一端的关节面为柱状，另一端的关节面为环状，只能绕垂直轴运动 | 单轴 | 桡尺近侧关节 |
| 椭圆关节 | 一端的关节面为椭圆形凸面，另一端的关节面为相适应的凹面 | 双轴 | 桡腕关节 |
| 鞍状关节 | 两端的关节面都形似马鞍 | 双轴 | 踇指腕掌关节 |
| 滑车关节 | 一端的关节面为滑车状凸面，另一端的关节面为相适应的凹面 | 单轴 | 肱尺关节 |

## 关节的运动

关节的运动主要围绕运动轴进行，可分为以下几种形式。

屈曲和伸展：身体某环节绕关节的冠状轴在矢状面内的运动。能进行屈曲和伸展的关节有肩关节、肘关节、腕关节、髋关节、膝关节、踝关节及椎间关节等。例如，在弯举动作中，前臂向前运动时即为在肘关节处屈曲，向后运动时即为在肘关节处伸展。膝关节和踝关节则正好相反，小腿和足部向后运动为屈曲，向前运动为伸展。

水平屈曲和水平伸展：上臂或大腿以外展状态，围绕垂直轴在水平面上向前运动为水平屈曲（也叫水平内收），向后运动为水平伸展（也叫水平外展）。

内收和外展：身体某环节绕关节的矢状轴在冠状面的运动，靠近身体为内收，远离身体为外展。能进行内收和外展的关节有肩关节、髋关节、腕关节和踝关节等。例如，双臂向身体两侧张开时即为外展，向身体靠拢时即为内收。

旋内和旋外：身体某环节绕关节的垂直轴在水平面上的运动，又称为回旋或旋转运动。其中，身体环节由前向内旋转为旋内或旋前，由前向外旋转为旋外或旋后。此外，躯干的旋转分为旋左和旋右，而非旋前和旋后。

环转：身体某环节可绕两个及以上的运动轴做环转运动。例如，上臂以肩关节为支点画圈。

特殊运动：肩胛骨的上提和下降，以及上回旋和下回旋；脊柱的侧屈。

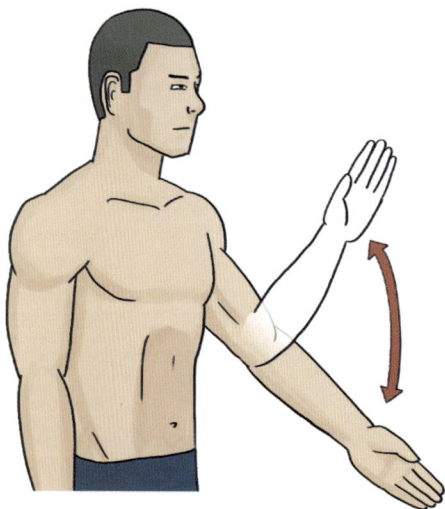

肘关节的屈曲（向上）和伸展（向下）　　　　肩关节的水平屈曲（向前）和水平伸展（向后）

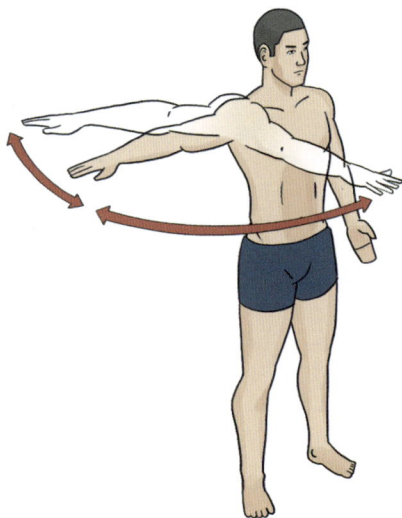

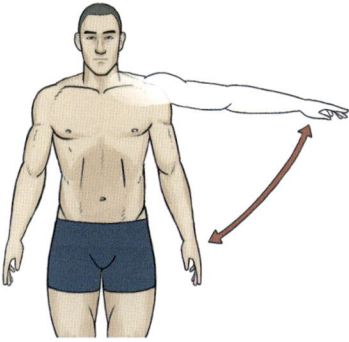

肩关节的内收（向下）和外展（向上）

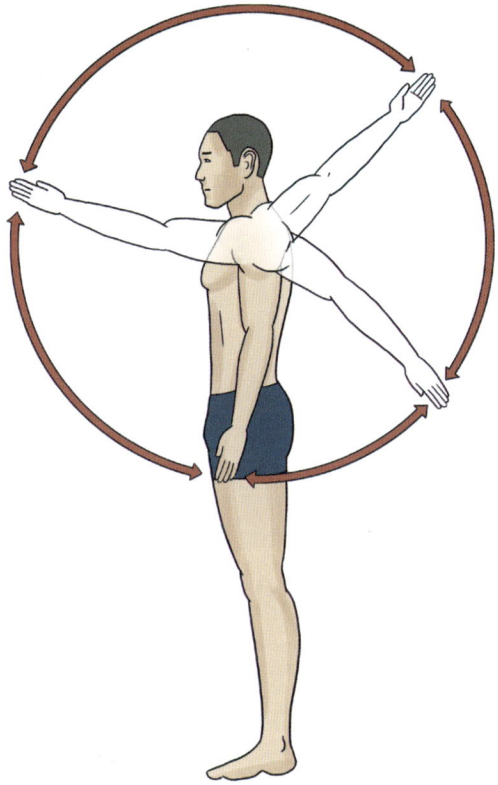

肩关节的环转

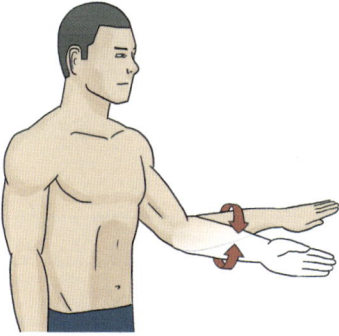

前臂的旋前（向内）和旋后（向外）

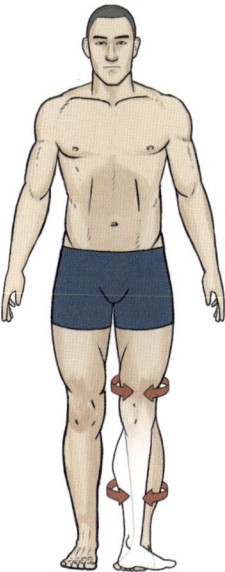

髋关节的旋内（向内）和旋外（向外）

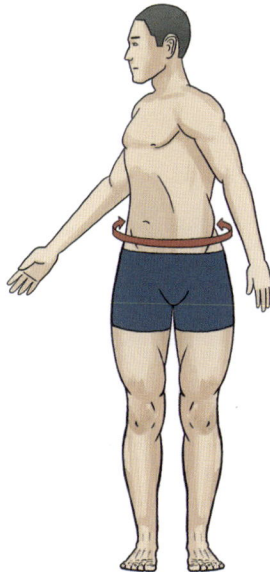

脊柱的旋转

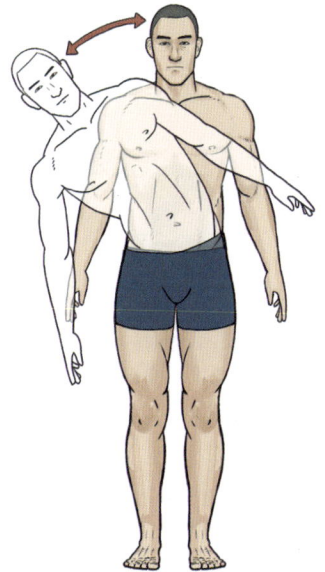

脊柱的侧屈

## 肌肉

肌肉是人体的重要组成部分，主要存在于躯干和四肢，附着在骨骼上。成年人的肌肉含量约为体重的 35%~45%。运动员或经常参加体育运动的人，肌肉含量更高。

### 肌肉的起止点

肌肉的两端附着的点分别为肌肉的起点和止点。通常，靠近身体近端或内侧的附着点为起点，靠近身体远端或外侧的附着点为止点。肌肉的两端通常附着在不同的骨上，收缩时，即可拉动不同的骨相互靠近，从而产生运动。

根据肌肉跨越关节的数目，肌肉可分为单关节肌、双关节肌以及多关节肌。不同类型的肌肉的主要特征如下表所示。

| 肌 肉 类 型 | 主 要 特 征 | 举 例 |
| --- | --- | --- |
| 单关节肌 | 跨越一个关节 | 肱肌（仅跨越肘关节） |
| 双关节肌 | 跨越两个关节 | 股四头肌（跨越髋关节和膝关节） |
| 多关节肌 | 跨越两个以上关节 | 指浅屈肌（跨越手部多个关节） |

### 肌肉的近固定与远固定

肌肉收缩时，通常一个端点固定，另一个端点移动。固定的端点称为定点，移动的端点称为动点。当固定的端点位于身体近端时，称为近固定。例如，做弯举动作时，肱二头肌位于上臂的近端附着点固定，位于前臂的远端附着点移动，从而使前臂向靠近上臂的方向运动。当固定的端点位于身体远端时，称为远固定。例如，做引体向上时，肱二头肌位于前臂的远端附着点固定，位于上臂的近端附着点移动，从而使上臂向靠近前臂的方向运动。

另外，描述躯干部位的某些肌肉时，通常上方端点固定时用上固定表示，下方端点固定时用下固定表示。当肌肉两端皆无固定时，用无固定表示。例如，跳跃腾空时，腹直肌上端和下端均处于游离状态。

## 肌肉的协作关系

根据肌肉的工作性质及其协作关节，肌肉可分为主动肌、拮抗肌、协同肌和稳定肌四种类型。收缩时能引起关节运动的主要肌肉，即为主动肌（或原动肌），它是肌肉收缩的主要动力来源。与主动肌相对抗的阻止关节运动的肌肉，即为拮抗肌（或对抗肌）。通常，同一个关节处的主动肌和拮抗肌功能相反，互为拮抗。肌肉收缩时，起协调作用以辅助关节产生运动的肌肉，即为协同肌。维持身体环节稳定姿势或状态的肌肉，即为稳定肌（或固定肌）。

例如，在做弯举动作时，产生收缩的肌肉主要是肱二头肌，它属于主动肌；另外，肱肌也进行了收缩，可以将其作为主动肌，也可以作为协同肌；肱三头肌被拉长以对抗肱二头肌的运动，属于拮抗肌；肩胛提肌、菱形肌、前锯肌等使肩胛骨维持稳定，以保证屈肘动作的顺利完成，属于稳定肌。

## 开链运动与闭链运动

什么是运动链呢？

首先想象身体具有若干链条，它们将身体不同的环节通过关节按照顺序连接起来，这就是运动链。例如，一侧上肢通过肩、上臂、肘、前臂、腕以及手构成了一条运动链；一侧下肢通过髋、大腿、膝、小腿、踝以及足构成了一条运动链。

当一条运动链的近端固定、远端游离时，即为开链，此时游离的远端可以运动。开链时，可以一个关节单独运动，也可以多个关节同时运动。例如，上肢处于开链状态时，在肩部固定的情况下，可以进行单关节运动的弯举动作，也可以进行多关节运动的挥拍动作。

反之，当一条运动链的远端固定、近端游离时，即为闭链，此时身体近端通常做多关节协调活动，不能做单关节运动。例如，当下肢处于闭链状态时，在双脚处于地面固定的情况下，髋关节、膝关节和踝关节共同运动，完成下蹲、起立、行走等动作。

通常，在康复性训练的早期，采用闭链运动锻炼身体的稳定性和控制能力比较合适；在稳定性得到加强的后期，可以进行开链运动，有针对性地强化单一肌肉或关节功能。然而，无论是开链运动还是闭链运动，都有其各自的特点和优势。在训练中，要根据训练者的实际情况选择最合适的训练动作。

开链运动示例

闭链运动示例

# 1.2 踝关节结构与功能

## 1.2.1 踝关节的解剖学结构

踝关节又称距小腿关节，由胫骨、腓骨的远端与距骨滑车构成。踝关节属于滑车关节，胫骨下关节面、内踝关节面和腓骨的外踝关节面共同构成了踝关节的关节窝。踝关节的稳定性受作为关节头的距骨滑车与关节窝的紧密程度，周围韧带和肌肉的强度，以及远端胫腓关节的功能影响。

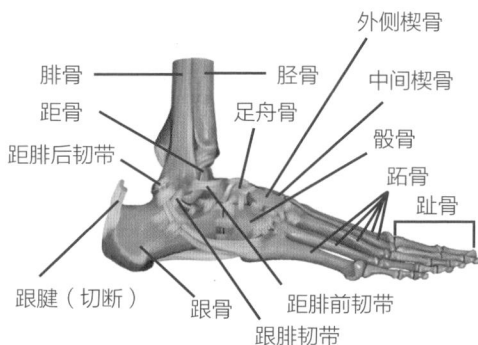

踝关节关节面（外侧面）　　　　　　　　　　　踝关节关节面（内侧面）

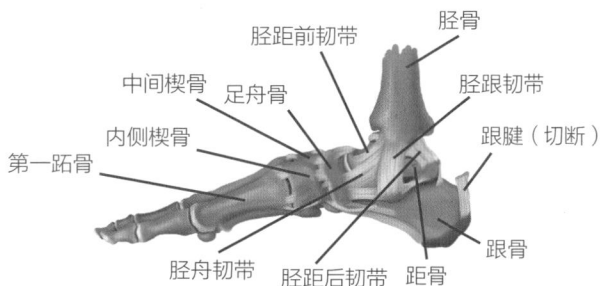

## 1.2.2 踝关节的辅助结构

### 韧带

踝关节的关节囊的前、后壁薄而松弛，两侧较厚且有韧带加强。

踝关节的外侧副韧带包括距腓前韧带、距腓后韧带和跟腓韧带，三者均起于腓骨外踝，分别止于距骨颈、距骨后突和跟骨。踝关节的外侧副韧带可稳定踝关节外侧，限制踝关节内翻。但踝关节的外侧副韧带整体易发生扭伤，其中，距腓前韧带较为薄弱，最易扭伤，距腓后韧带较为发达，不易撕裂。

踝关节的内侧副韧带也被称为三角韧带，包括胫舟韧带、胫跟韧带、胫距后韧带和胫距前韧带，四者均起于胫骨内踝，分别止于舟骨粗隆、载距突、距骨内侧结节和距骨。踝关节的内侧副韧带可稳定踝关节内侧，限制踝关节外翻。

## 跟腱

　　跟腱是由腓肠肌、比目鱼肌的肌腱向下汇合于跟骨结节处形成的肌腱，呈 V 字形，是全身最长、最强大的肌腱。在对速度和力量表现要求较高的运动中，如短跑、跳高等，跟腱需要发挥增强或吸收力量的作用。例如在跑步运动的蹬地阶段，跟腱需要承受相当于数倍体重的力，因而极易发生损伤。

# 1.2.3 踝关节的运动

　　踝关节在矢状面上产生背屈(伸)和跖屈(屈)运动。背屈时踝关节的稳定性强于跖屈时，因为距骨滑车是一个前宽后窄的结构，背屈时，较宽的滑车前部进入关节窝内，此时踝关节稳定性较强；跖屈时，较窄的滑车后部进入关节窝内，此时关节稳定性较弱。因此踝关节扭伤多发生在足部做跖屈动作时。

　　使踝关节背屈的肌肉主要有胫骨前肌、趾长伸肌、踇长伸肌。

　　使踝关节跖屈的肌肉主要有腓肠肌、比目鱼肌、趾长屈肌、踇长屈肌、胫骨后肌。

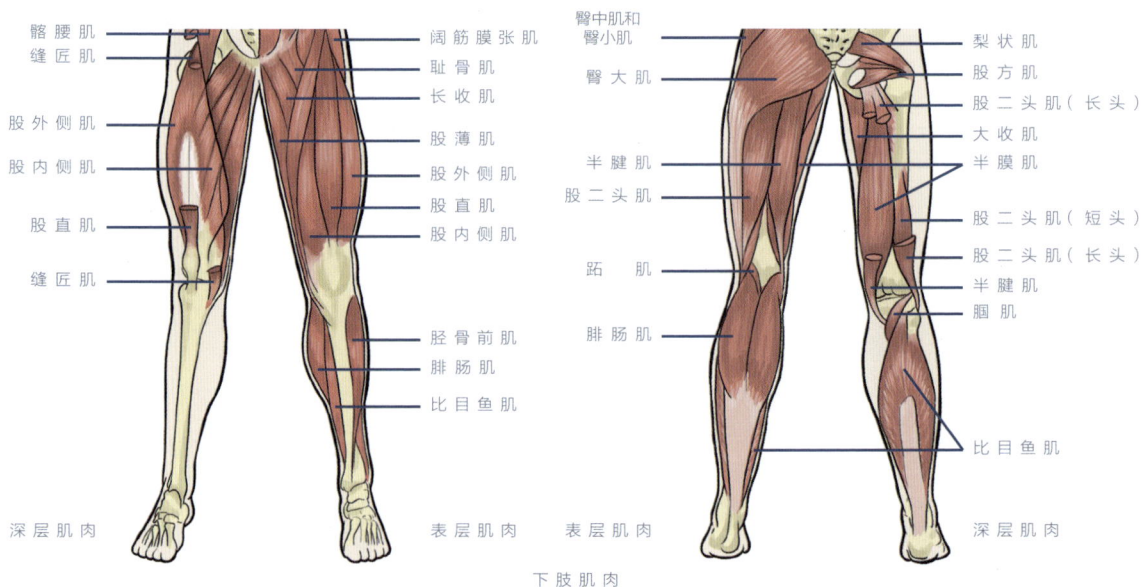

髂腰肌
缝匠肌
股外侧肌
股内侧肌
股直肌
缝匠肌
深层肌肉

阔筋膜张肌
耻骨肌
长收肌
股薄肌
股外侧肌
股直肌
股内侧肌
胫骨前肌
腓肠肌
比目鱼肌
表层肌肉

臀中肌和臀小肌
臀大肌
半腱肌
股二头肌
跖肌
腓肠肌
表层肌肉

梨状肌
股方肌
股二头肌(长头)
大收肌
半膜肌
股二头肌(短头)
股二头肌(长头)
半腱肌
腘肌
比目鱼肌
深层肌肉

下肢肌肉

# 第 二 章

# 踝关节损伤
# 风险筛查

踝关节是下肢运动链的远端组成部分，承受着较大的旋转和垂直应力，因此极易发生功能障碍、疼痛和损伤。动作发力不正确和活动匮乏都会导致踝关节功能退化，训练负荷或训练计划设置不科学也会导致踝关节功能障碍，甚至发生损伤。

本章将介绍踝关节的常见损伤，并讲解如何通过关节活动度筛查和功能动作筛查对踝关节的损伤风险进行筛查。

# 2.1 踝关节损伤的常见类型

踝关节损伤的类型有很多，常见的有踝关节扭伤、踝关节骨折、跟腱炎、跟腱断裂、足底筋膜炎等。

## 2.1.1 踝关节扭伤

踝关节扭伤是由外力冲击或运动失衡引发的踝关节周围韧带撕裂的损伤。踝关节扭伤多为内翻扭伤（即外侧韧带损伤），可能是一条或多条韧带撕裂，以踝部疼痛、肿胀及活动障碍为主要表现。踝关节扭伤常见于网球、排球、足球等足部旋转或身体扭转动作较多的运动中。

产生踝关节扭伤的主要原因有：错误的身体姿势（如严重的足内翻或足外翻）、下交叉综合征、下肢肌肉过度使用、踝关节过度僵硬、核心缺乏稳定性等。

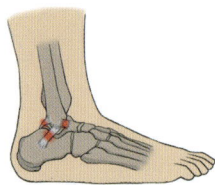

踝关节扭伤示意图

## 2.1.2 踝关节骨折

踝关节骨折是很常见的损伤，通常涉及胫骨远端和腓骨远端。如果胫骨远端和腓骨远端均骨折，则称为双踝骨折。如果后踝也发生骨折，则称为三踝骨折。踝关节骨折常见于篮球、足球、橄榄球等冲撞动作较多的运动中，以踝部剧烈疼痛、活动受限、行走困难为常见表现，还有可能出现肿胀和畸形。

产生踝关节骨折的主要原因有：跌倒摔伤、高空坠落、交通事故和激烈的体育运动等。

## 2.1.3 跟腱炎

跟腱炎是一种由跟腱负荷过重、持续受累引起的炎症。跟腱炎常见于篮球、网球、足球、羽毛球等需要频繁跳跃、奔跑或踏步的运动中，以足跟部肿胀、疼痛、僵硬为常见表现。

产生跟腱炎的主要原因有：腓肠肌力量薄弱、过度足内翻、步幅太大、鞋袜不合脚、短时间内运动量增加过多等。

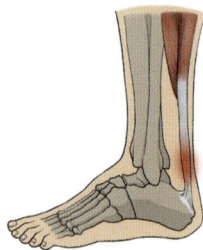

跟腱炎示意图

## 2.1.4 跟腱断裂

跟腱断裂是指跟腱完全或部分断裂。跟腱断裂常见于篮球、橄榄球、足球等踝部旋转或身体扭转动作较多的运动中，以踝部剧烈疼痛、无法负重、行走困难为主要表现，还可能伴有肿胀和瘀伤。

产生跟腱断裂的主要原因有：患有跟腱炎、热身不充分、跟腱周围肌肉的血管退变、腓肠肌 - 比目鱼肌功能障碍、剧烈运动、外伤等。

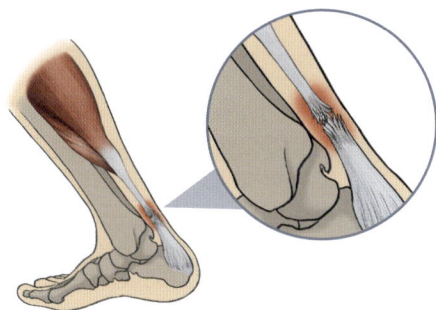

跟腱断裂示意图

## 2.1.5 足底筋膜炎

足底筋膜炎是一种由于足底筋膜受到持续或反复的过度张力，进而出现炎症、引起疼痛的疾病。足底筋膜是从脚后跟一直延续到跖骨的筋膜带，它在保持脚部弓形、维持脚部着地时的稳定性、帮助脚部推离地面等方面都发挥着作用。足底筋膜炎常见于跑步、足球、舞蹈等需要长时间跑步或行走的运动中，以足底或者足跟部疼痛，并在活动后加剧为主要表现。

产生足底筋膜炎的主要原因有：踝关节背屈活动太少、小腿肌肉紧张、长时间站立或行走、足弓过高等。

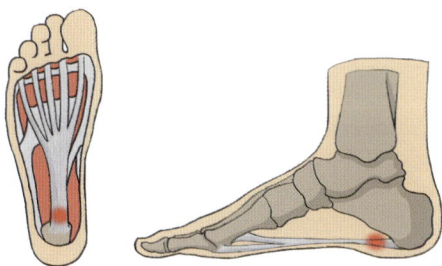

足底筋膜炎示意图

# 2.2 踝关节损伤的风险筛查方法

踝关节产生损伤的原因有多种，例如先前已有损伤未完全恢复、不良的动作模式、错误的训练安排以及偶然的因素等。我们无法避免偶然因素，但可以控制非偶然因素。通过对踝关节损伤风险进行评估，我们可以判断伤病是否完全恢复以及恢复的程度，改善不良动作习惯，提高动作质量，以及针对性地制定训练方案等。

## 2.2.1 关节活动度筛查

关节活动度指的是关节运动时通过的弧度或角度，它反映了关节周围肌肉和软组织的柔韧性。通过对关节活动度的筛查，可以评估关节受限的程度，分析代偿运动产生的原因，评估身体恢复进程等。

### 跪姿踝关节灵活性筛查

**1**

**2**

≥ 40 度：合格

| － 筛查目的 － | － 筛查重点 － |
| --- | --- |
| 评估踝关节背屈的灵活性，同时观察左右两侧是否存在不对称的情况。 | 观察小腿从垂直位前倾的幅度。 |

## – 筛查步骤 –

**1** 身体呈左腿在前、右腿在后的分腿跪姿。左手执一长杆，竖直立于左脚前脚掌旁边以帮助保持身体稳定。左膝与左脚尖保持朝向正前方。

**2** 保持左腿大腿平行于地面，然后向前顶膝，使膝关节超过脚尖尽可能远的距离。完成后，恢复至起始姿势，换另一侧进行筛查。

## – 注意事项 –

• 保持躯干挺直、长杆竖直，避免髋部旋转；
• 保持膝关节和脚尖始终朝向正前方；
• 保持前脚始终完全触地，避免脚跟抬起；
• 进行该项筛查前，不需要进行其他动作练习。

## – 结果分析 –

• 如果小腿从垂直位前倾的幅度小于 40 度，则筛查结果为"不合格，有损伤风险"；
• 如果小腿从垂直位前倾的幅度大于等于 40 度，则筛查结果为"合格"；
• 如果两侧小腿从垂直位前倾的幅度相差明显（超过 5 度），则不论单侧腿的筛查结果如何，总体筛查结果均为"不合格，有损伤风险"；
• 一旦在完成筛查动作的过程中出现疼痛，则说明存在损伤风险。

## – 其他情况 –

灵活性很差：
不合格，有损伤风险

< 40 度

灵活性较差：
不合格，有损伤风险

< 40 度

## 跨趾灵活性筛查

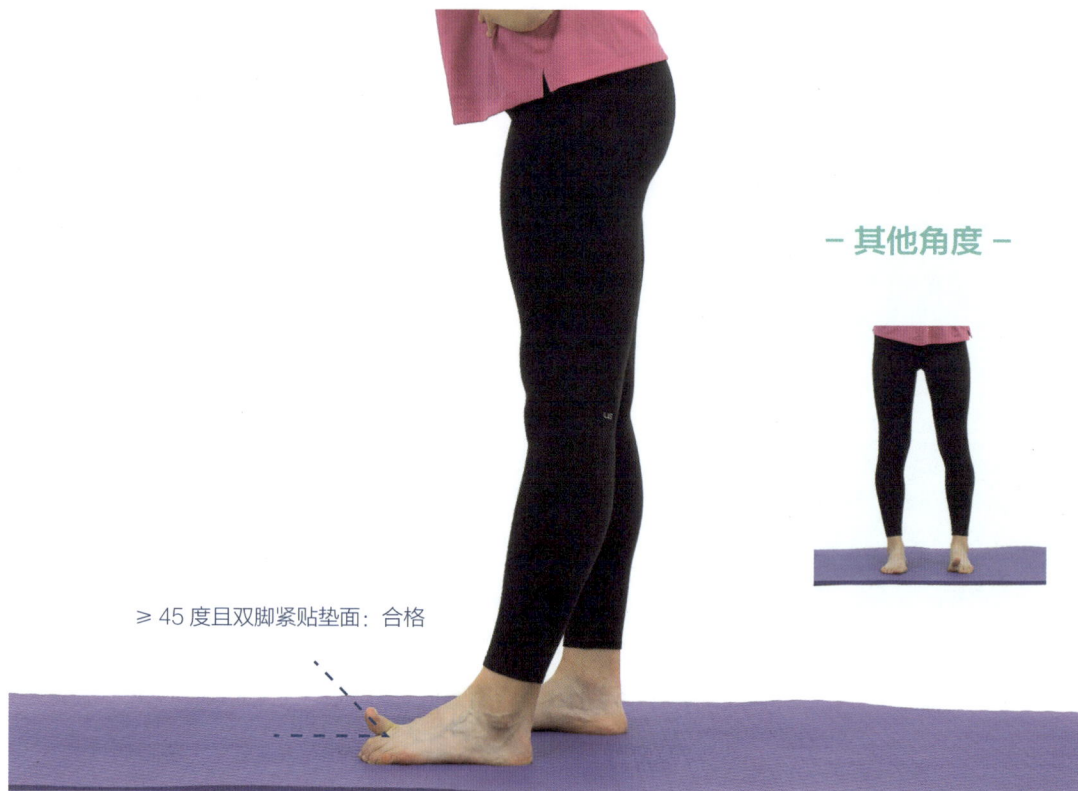

− 其他角度 −

≥ 45 度且双脚紧贴垫面：合格

− 筛查目的 −

评估跨趾的灵活性。

− 筛查重点 −

观察跨趾抬起的角度。

− 筛查步骤 −

身体呈站姿，双脚紧贴垫面。随后将左脚
跨趾向上抬起至最大限度，其余四根脚趾
继续紧贴垫面。完成后，恢复至起始姿势，
换另一侧进行筛查。

## － 结果分析 －

- 如果踇趾抬起的高度大于等于 45 度且其余四趾保持紧贴垫面，筛查结果为"合格"；
- 如果踇趾抬起的高度小于 45 度或其余四趾随之抬起，筛查结果为"不合格，有损伤风险"。

## － 其他情况 －

< 45 度，不合格，有损伤风险

## 俯卧小腿屈膝上抬筛查

**1**

**2**

≥ 30 度：合格

### – 筛查目的 –

评估膝关节屈曲时股直肌的柔韧性，同时观察左右两侧是否存在不对称的情况。

### – 筛查重点 –

观察小腿从垂直位前倾的幅度。

### – 筛查步骤 –

**1** 俯卧在垫子上，确保从头到脚完全接触垫子，双臂自然摆放在身体两侧，双手掌心朝上，双腿并拢。

**2** 保持膝关节以上部位紧贴地面，左腿小腿向上抬起并向大腿方向移动至最大限度。完成后，恢复至起始姿势，换另一侧进行筛查。

## － 注意事项 －

- 抬起的小腿不要左右摇晃或旋转；
- 抬起的小腿避免用力过度（这样做会产生代偿且影响筛查结果）。

## － 结果分析 －

- 如果抬起的小腿从垂直位前倾的幅度小于 30 度，则筛查结果为"不合格，有损伤风险"；
- 如果抬起的小腿从垂直位前倾的幅度大于等于 30 度，则筛查结果为"合格"；
- 如果两侧小腿从垂直位前倾的幅度相差明显（超过 5 度），则不论单侧小腿的筛查结果如何，总体筛查结果均为"不合格，有损伤风险"；
- 一旦在完成筛查动作的过程中出现疼痛，则说明存在损伤风险。

## － 其他情况 －

< 30 度：不合格，有损伤风险

## 俯卧屈膝髋关节内旋筛查

**1**

≥ 40 度且双侧相差不超过 5 度：合格

**2**

- 筛查目的 -

评估髋关节内旋时髋
关节外旋肌的柔韧性，
同时观察左右两侧是
否存在不对称的情况。

- 筛查重点 -

观察小腿向外打开的幅度
（与垂直面的夹角大小）。

- 筛查步骤 -

**1** 俯卧在垫子上，确保从头到大腿完全接触垫子，
双臂自然摆放在身体两侧，双手掌心朝上，双膝
屈曲 90 度。

**2** 保持双膝屈曲 90 度，双侧小腿同时向外打开。

## - 注意事项 -

- 髋部保持稳定，且始终贴地；
- 双腿大腿始终保持并拢；
- 双侧小腿自然打开即可，避免用力过度（这样做会产生代偿且影响筛查结果）。

## - 结果分析 -

- 如果小腿（单侧或双侧）向外打开的幅度小于 40 度，或者双侧小腿向外打开的幅度相差明显（超过 5 度），则筛查结果为"不合格，有损伤风险"；
- 如果双侧小腿向外打开的幅度大于等于 40 度，并且双侧小腿向外打开的幅度相差不明显（不超过 5 度），则筛查结果为"合格"；
- 一旦在完成筛查动作的过程中出现疼痛，则说明存在损伤风险。

## - 其他情况 -

< 40 度：不合格，有损伤风险

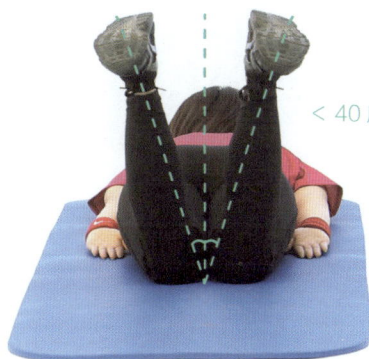

双侧相差超过 5 度：
不合格，有损伤风险

# 2.2.2 功能动作筛查

通过观察完成基本动作的质量进行评估，可以分析受试者在完成基本动作时的功能障碍和薄弱环节，为之后制定体能训练或纠正性训练提供指导。经研究与实践，以下几个基本动作可以极具针对性地用来评估训练者完成动作的基本能力。训练者首先具有完成高质量动作的能力，且拥有正确的动作模式，才能高效完成动作，进而提升运动表现。

## 双腿下蹲动作模式筛查

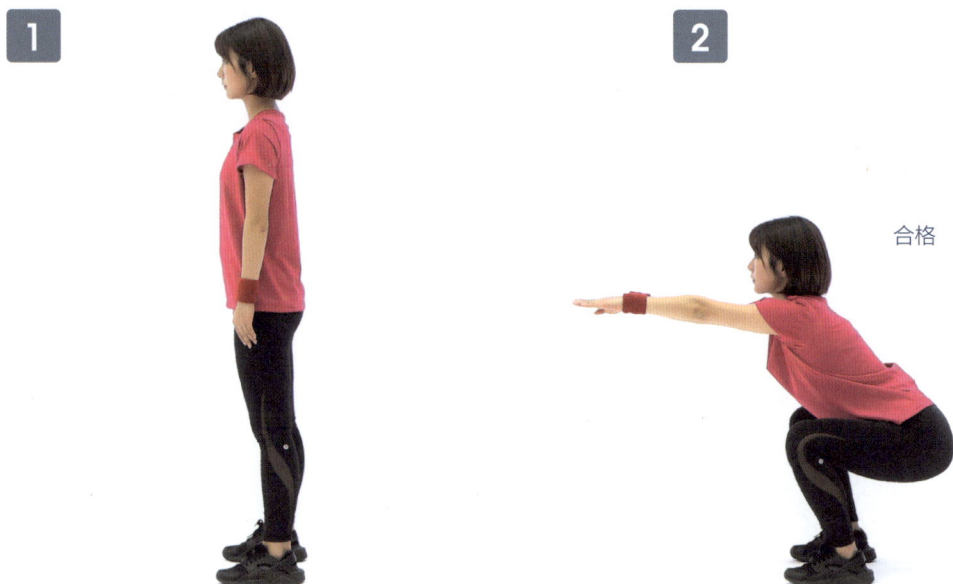

**1**

**2**

合格

---

**– 筛查步骤 –**

**1** 身体呈站姿，双脚分开与肩同宽或略大于肩宽，双臂自然置于身体两侧，脚尖朝向正前方或略微外旋。

**2** 保持背部挺直，核心收紧，双臂前平举，然后屈髋、屈膝，尽可能下蹲。

## – 筛查重点 –

- 下蹲幅度是否太小（臀部位置是否高于膝关节位置）；
- 膝关节和脚尖的方向是否不一致（是否发生膝关节内扣或外移）；
- 躯干是否无法保持挺直（是否发生圆肩或弓背）。
- 躯干是否出现过度前倾、侧倾、过于直立（前倾幅度太小）或旋转。

## – 结果分析 –

如果存在上述"筛查重点"中的任何一种情况，则筛查结果为"不合格，有损伤风险"。

## – 其他情况 –

膝内扣：不合格，有损伤风险。

躯干过度前倾：不合格，有损伤风险。

躯干侧倾：不合格，有损伤风险。

躯干旋转：不合格，有损伤风险。

## 单脚脚尖支撑筛查

合格

### - 筛查步骤 -

身体呈单腿站姿，双手扶住椅背，但双手不要借力，只保持身体平衡。随后抬起支撑脚的脚跟至完全由脚尖支撑身体重量，保持 10 秒。完成后，恢复至起始姿势，换另一侧进行筛查。

### - 筛查重点 -

● 身体是否出现剧烈晃动，完全无法维持身体姿势；
● 实现单脚脚尖支撑的时间是否过短（小于 10 秒）。

### - 结果分析 -

若存在上述"筛查重点"中的任何一种情况，则筛查结果为"不合格，有损伤风险"。

## 单腿下蹲动作模式筛查

**1**

**2**

合格

**– 其他角度 –**

**– 筛查步骤 –**

**1** 身体呈单腿站姿，双臂于胸前交叉，双手扶肩。

**2** 保持背部挺直，核心收紧，然后屈髋、屈膝下蹲至约屈膝 90 度。完成后，恢复至起始姿势，换另一侧进行筛查。

## − 筛查重点 −

- 支撑腿的膝关节和脚尖的方向是否不一致（是否发生膝关节内扣或外移）；
- 骨盆是否发生明显倾斜（是否发生非支撑侧骨盆上提或非支撑侧骨盆下降）；
- 躯干是否出现明显晃动、过度前倾、侧倾或旋转。

## − 结果分析 −

若存在上述"筛查重点"中的任何一种情况，则筛查结果为"不合格，有损伤风险"。

## − 其他情况 −

膝内扣：不合格，有损伤风险。

膝外移：不合格，有损伤风险。

躯干过度前倾：不合格，有损伤风险。

躯干旋转：不合格，有损伤风险。

## 髋关节铰链动作筛查

**1**

**2**

合格

---

### – 筛查步骤 –

**1** 身体呈站姿，双脚距离与髋同宽，双手分别于颈后和下腰背持长杆并将其置于背部中轴线处，同时确保长杆的上部紧贴枕骨、下部紧贴骶骨。

**2** 保持双腿小腿垂直于地面，然后向后顶髋（双膝屈曲约 30 度，髋关节屈曲约 90 度）。

## – 筛查重点 –

- 膝关节和脚尖的方向是否不一致（是否发生膝关节内扣）；
- 小腿是否明显向前倾斜；
- 骨盆是否发生明显倾斜；
- 躯干是否无法保持挺直，或者长杆是否无法保持位于背部中轴线处且上部和下部分别紧贴枕骨和骶骨。

## – 结果分析 –

如果存在上述"筛查重点"中的任何一种情况，则筛查结果为"不合格，有损伤风险"。

## – 其他情况 –

长杆位置不正确：不合格，有损伤风险。

小腿明显向前倾斜：不合格，有损伤风险。

第 三 章

# 踝关节功能强化
# 训练策略与动作练习

人体各系统是相互联系和影响的。从整体的角度来观察人体的运动时会发现，运动中的所有功能动作都是通过多个关节以运动链的方式协同完成的——人体各个区域相互依存，各个关节相互影响。这些相互作用非常复杂，一个部位的功能会影响到相邻部位的功能，甚至影响更远端部位的功能。

因此，本章将从人体整体运动链的角度出发，详细讲解踝关节功能强化训练策略的七大步骤及其对应的具体动作练习。

# 3.1 踝关节功能强化训练策略

## 3.1.1 关节的灵活性与稳定性功能

人体的关节具有"灵活性"和"稳定性"两种功能:灵活性是指一个关节可以在关节幅度的全程自由移动的能力;稳定性是指一个关节可以抵抗移动、控制关节位置的能力。人体参与运动的关节都具备一定的灵活性和稳定性,但各有特点,有些以灵活性功能为主,有些以稳定性功能为主,这些关节相互影响,在完成功能动作时发挥自身的作用。

在人体的整体运动功能中,踝关节、髋关节、胸椎和肩关节需要较高的灵活性,而膝关节、腰椎和肩胛胸廓关节需要较高的稳定性(见下图)。如果人体各关节能够达到自身的功能要求,就能够完成高质量的功能动作;而如果人体关节功能受限,就无法完成高质量的功能动作,从而可能产生各种功能障碍,也非常容易引起各种运动损伤。许多疲劳性损伤与人体关节的功能下降有着密切的联系。通常稳定性关节更容易产生疼痛,而导致稳定性关节疼痛的原因往往是相邻关节的灵活性功能下降。例如,下背部疼痛往往是胸椎和髋关节的灵活性下降所致。

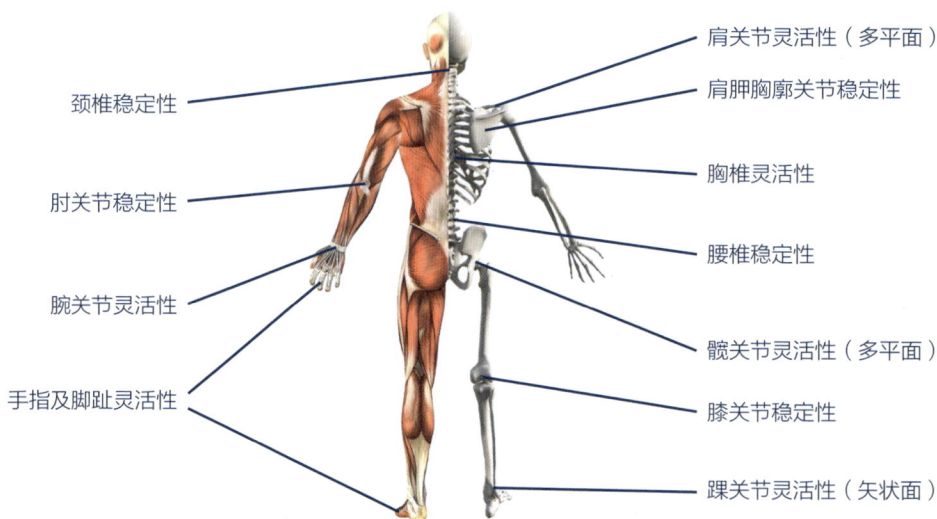

踝关节是人体进行运动的主要运用关节之一,也是损伤风险最高的关节之一。久坐不动或体力活动下降,以及过度使用都会导致其功能退化。踝关节在运动中需要具备良好的灵活性,因此踝关节出现损伤和疼痛往往与灵活性不足有关,而踝关节灵活性不足又与髋关节灵活性不足等有关。

# 3.1.2 功能训练的进阶模式

功能训练的进阶模式主要分为 4 个板块，即灵活性、稳定性、动作模式和功能力量。灵活性使人体能够完成多样化、幅度更完整的动作，同时提供更加灵敏的本体感受。稳定性使人体能够完成质量更好、控制更精细的动作，需要反射性本体感受的支持。高质量的动作模式需要每一个参与的关节都具备良好的灵活性与稳定性。当有了高质量的动作模式后，才可以在其基础上施加负荷，从而提高人体的功能力量。

| 灵 活 性 | ▶ | 稳 定 性 | ▶ | 动 作 模 式 | ▶ | 功 能 力 量 |

建立功能训练的逻辑顺序非常重要：首先，获得良好的关节灵活性是功能强化的第一步；其次，关节的稳定性需要建立在良好灵活性的基础之上；再次，完成高质量的动作模式既需要良好的关节灵活性，又需要良好的关节稳定性；最后，功能力量需要将关节灵活性、关节稳定性和动作模式有效地整合在一起。

## 灵活性：关节最基本的功能

灵活性是关节最基本的功能。如果灵活性存在障碍，就不会有良好的本体感受；相反，好的灵活性可以给身体带来更多的本体感受反馈。应在关节灵活性取得进步之后再训练其稳定性。

## 稳定性：控制一个或多个关节动作的功能

良好的稳定性需要良好的本体感受。在具备良好的关节稳定性的前提下，可以在关节上施加主动的肌肉控制，并且能够控制肌肉的收缩以随时改变力量的方向，从而能够在身体受到外界变化影响的情况下，反射性地控制住正确姿势或正确动作。

如何建立稳定性呢？需要注意以下几点：稳定性不是力量；稳定性受反射作用驱使；稳定性与神经肌肉感觉和姿势控制有关；要先获得静态稳定性，再获得动态稳定性。总的来说，稳定性是一种反映神经肌肉系统对姿势进行控制的能力。

## 动作模式：多个关节协调运动的功能

动作模式是建立在人体三维平面上，按照一定的时间、空间和次序组合在一起的具备某种功能的动作单元。高质量的动作模式需要参与的关节均具备良好的灵活性与稳定性。基础动作模式是组成功能活动的基本动作单元，能提供正确且协调的方法使身体进行功能活动。它是人类通过进化获得的基本能力。

基础动作模式包括：上肢的推和拉、蹲起、髋关节铰链（硬拉）、旋转和水平移动等。

动作模式异常会造成动作质量下降、动作效率下降以及损伤风险增加等。

动作模式异常的原因主要包括：呼吸模式异常、损伤、慢性疼痛、身体姿势异常、部分肌肉紧张、部分肌肉力量下降和本体感觉功能减退等。

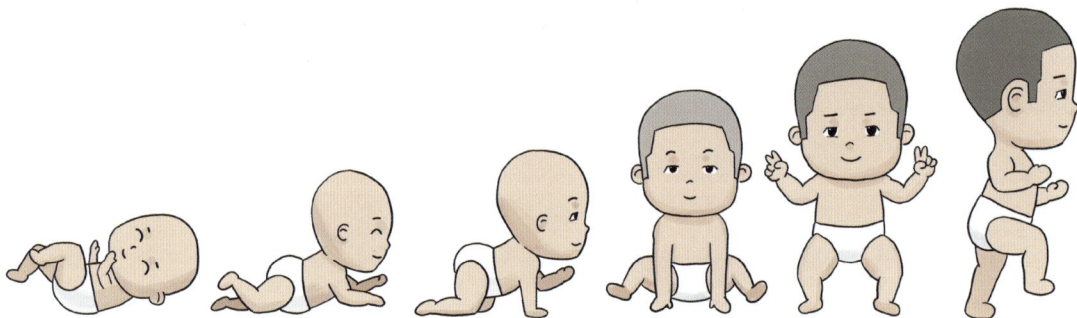

婴儿在成长发育的过程中逐步获得了基本运动功能

## 功能力量：在一个或多个基础动作模式之上增加负荷

功能力量是人体为了达到某种运动表现目的而形成的力量。功能力量训练是一种全方位的运动。一个功能力量训练动作是由一个或多个基础动作模式有序组合而成的，并且可能涉及人体的多个环节。因此，功能力量训练不仅能同时锻炼人体的多块肌肉，还可以锻炼神经肌肉系统的协调与控制，增强身体的平衡性和稳定性，有效降低受伤风险，提高运动表现。

此外，功能力量训练还有诸多优势：有效地提高肌肉之间的整体协作，提高力量传递效率，更加有针对性，以及方法更加多样化等。

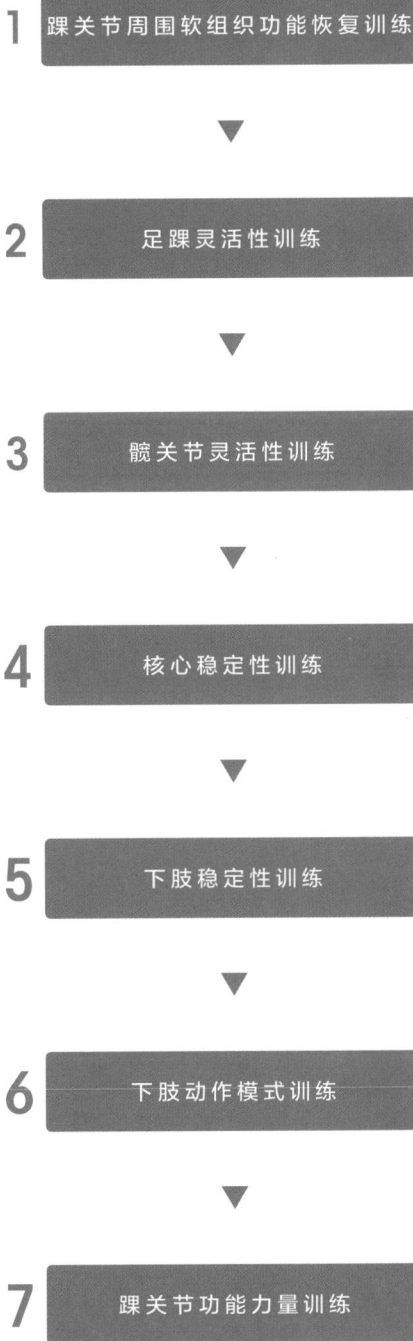

### 3.1.3 踝关节功能强化的七大训练步骤

踝关节对人体非常重要。它既要承受来自整个身体的重量，又要承受来自地面强大的反作用力，帮助身体维持直立和稳定姿势，并完成站立、行走等基本的身体活动，以及快速跑动、急停、转向等在内的体育运动。因此，积极预防踝关节损伤，强化踝关节功能至关重要。

正如前文所述，人体是由多个部位协调合作，以维持整个身体的功能活动的。针对踝关节的功能强化，并不仅仅是强化踝关节的灵活性和力量等素质就能达到目的的。踝关节无法脱离身体其他部位单独活动，仅靠踝关节也无法完成身体的各种运动。下肢是一个连贯的整体，膝关节和髋关节的功能，甚至整个核心区的稳定性都与踝关节的功能密不可分。

因此，在对踝关节进行功能强化训练时，首先要促进踝关节周围软组织功能恢复并提高足踝灵活性，接着强化髋关节灵活性、核心稳定性及下肢稳定性，然后发展并锻炼正确的下肢基础动作模式，最后针对性地强化踝关节的功能力量。

综上所述，踝关节功能强化策略具体通过以下七个步骤进行：

（1）踝关节周围软组织功能恢复训练；

（2）足踝灵活性训练；

（3）髋关节灵活性训练；

（4）核心稳定性训练；

（5）下肢稳定性训练；

（6）下肢动作模式训练；

（7）踝关节功能力量训练。

1 踝关节周围软组织功能恢复训练

▼

2 足踝灵活性训练

▼

3 髋关节灵活性训练

▼

4 核心稳定性训练

▼

5 下肢稳定性训练

▼

6 下肢动作模式训练

▼

7 踝关节功能力量训练

# 3.2 踝关节功能强化动作练习

当感到踝关节不适时，首先应该对自己的踝关节存在的问题进行一个判断，以决定选择立刻就医，还是尝试通过功能强化训练来缓解不适。

因此，在决定进行功能强化训练前，请回答以下问题。

（1）是否有不适宜运动的疾病？

    a. 是　　　不建议进行功能强化训练，建议进行医学检查或休息

    b. 否　　　进入问题（2）

（2）踝关节是否有明显疼痛？

    a. 是　　　进入问题（3）

    b. 否　　　进行关节活动度筛查

（3）是急性损伤疼痛还是慢性疼痛？

    a. 急性　　不建议进行功能强化训练，建议进行医学检查或休息

    b. 慢性　　进入问题（4）

（4）踝关节周围是否有明显水肿？

    a. 是　　　不建议进行功能强化训练，建议进行医学检查或休息

    b. 否　　　进入问题（5）

（5）如果将疼痛等级分为 1~10 级（见下页图），请判断你的疼痛等级为多少？

    a. 疼痛等级小于等于 4 级　　可以进行功能强化训练，但若在损伤风险筛查或训练过程中出现任何不适或疼痛加剧，请立即停止，并咨询专业人员

    b. 疼痛等级大于 4 级　　不建议进行功能强化训练，建议进行医学检查或休息

**疼痛等级线性图**

| 0级 | 2级 | 4级 | 6级 | 8级 | 10级 |
|------|--------|--------|--------|--------|--------|
| 无痛 | 轻微疼痛 | 轻度疼痛 | 中度疼痛 | 重度疼痛 | 剧烈疼痛 |

**疼痛等级脸谱图**

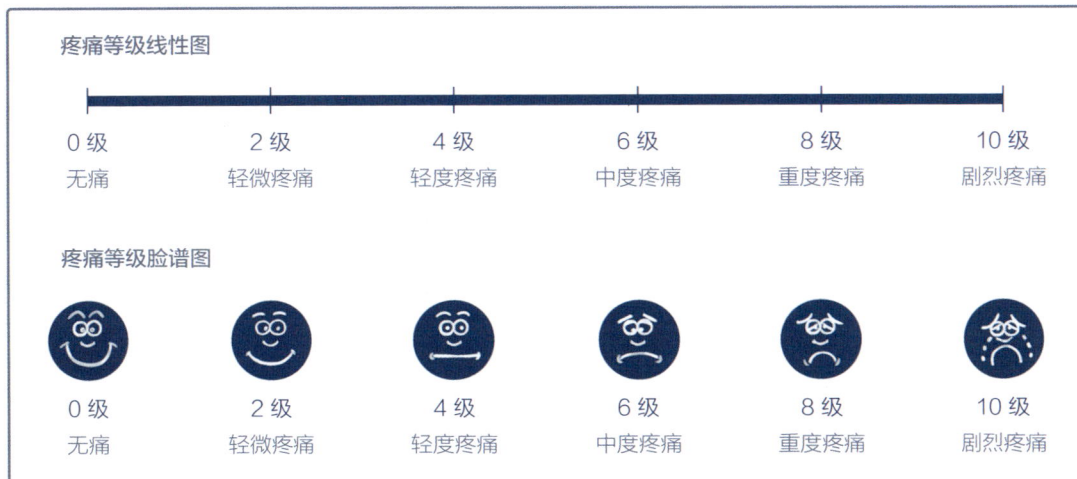

| 0级 | 2级 | 4级 | 6级 | 8级 | 10级 |
|------|--------|--------|--------|--------|--------|
| 无痛 | 轻微疼痛 | 轻度疼痛 | 中度疼痛 | 重度疼痛 | 剧烈疼痛 |

如果通过上述问题，你得出的答案是可以进行功能强化训练，那么欢迎你按照本书所述的训练方法踏上踝关节功能强化之路！在这个过程中，你需要特别注意以下几个问题。

1. 在开始进行功能强化训练之前，请先进行自我功能筛查，了解自己所存在的和踝关节相关的功能问题。

2. 请认真阅读后文所介绍的每一个动作练习的步骤和要求，仔细观察图片和视频中的示范动作。

3. 请在训练过程中始终关注自己的身体感受，正确地分辨软组织（包括肌肉组织、筋膜组织和韧带组织）因训练刺激产生的酸痛感和因关节伤病产生的疼痛感。其中，软组织的酸痛感是训练带来的正常感觉，但注意应一方面根据自己的适应能力逐步加大训练刺激，另一方面避免过度用力和过度刺激。另外，一旦出现了明显的关节疼痛，请立即停止这个动作练习，转而尝试其他的动作练习，但如果疼痛始终存在并比训练前明显加重，那么请立即停止训练，并咨询专业人员。

4. 请在训练过程中始终把动作质量放在首位，避免盲目追求练习的次数和负重。

5. 如果在关节活动度筛查或功能动作筛查（详见第二章）中未达到基本要求，筛查结果为"不合格，有损伤风险"，那么请你首先关注这些问题，并将其作为功能强化训练的重点，不要忽略每一个薄弱环节。完成每次功能强化训练后，请重新进行筛查，观察训练效果，也可以看到自己的不断进步。

6. 要知道，你的问题不是一天形成的，所以必然无法仅仅通过一次或几次训练就完全改善。功能强化需要一个过程，长短取决于问题的严重程度。但是只要每次按照要求认真完成训练，你就可以看到自己的进步。

7.本书最大的优势就是用清晰的逻辑次序引导你一步一步地进行踝关节功能强化训练，因此，请跟随书中的练习顺序进行训练，不要跳过必要的步骤。

## 3.2.1 踝关节周围软组织功能恢复训练

在日常生活中，踝关节承受着身体的重量，并需要在各种复杂地形和运动中不断调整姿势和力量。如果踝关节周围的软组织由于长期的不良姿势、过度使用或局部的突然冲击而出现张力变化，关节的结构平衡就会被打破，功能也会受到影响。例如，当踝关节周围的筋膜和肌肉紧张时，会导致局部压力增加，形成扳机点，产生代谢废物和局部炎症。这些变化会使筋膜和肌肉的功能下降，肌肉收缩和恢复的速度变慢，进而产生僵硬感，容易引起疲劳积累，甚至可能进一步引发伤病和慢性疼痛。而慢性疼痛又会激活人体的自我保护机制，导致肌肉弹性下降和张力增加，形成一种恶性循环，严重影响踝关节的正常功能。因此，当踝关节出现紧张、不适或慢性疼痛等问题时，踝关节周围软组织的紧张很可能是关键因素。要改善踝关节的功能，首要任务是恢复踝关节周围软组织的张力平衡，重点是缓解紧张的筋膜和肌肉的张力，恢复肌肉的初始长度。

本书推荐按照呼吸放松、泡沫轴滚压、局部筋膜球按压和肌肉拉伸的方法顺序改善踝关节周围软组织张力。呼吸放松是整个训练的基础，通过深呼吸可以降低交感神经的兴奋性，减轻中枢系统的压力，让筋膜和肌肉系统能够更好地放松下来。泡沫轴滚压可以进行整体调节，通过滚动的物理刺激，促进局部血液循环，缓解肌肉紧张。局部筋膜球按压则进一步处理筋膜和肌肉系统中压力较为集中的扳机点，通过精准的按压，可以有效地松解扳机点，缓解局部疼痛和僵硬。肌肉拉伸重点改善肌肉的紧张状态，通过拉伸动作，恢复肌肉的初始长度，增强肌肉的柔韧性和弹性。这几种方法各有侧重点，依照顺序配合进行才会产生最佳的训练效果。

### 改善踝关节周围软组织张力的方法顺序

| 呼吸放松 | ▶ | 泡沫轴滚压 | ▶ | 局部筋膜球按压 | ▶ | 肌肉拉伸 |

## 呼吸训练

# 俯卧呼吸训练（鳄鱼式呼吸）

**1**

**2**

- 训练目的 -

激活膈肌，降低易紧张
的肌肉的张力，协调维
持机体稳态。

- 注意事项 -

按照节奏缓慢、持续进
行吸气和呼气。

- 训练步骤 -

**1** 身体放松，俯卧在垫子上，双脚并拢，
双手叠放在额下，用鼻腔缓缓吸气，大
约用时 4 秒，胸廓尽量保持不动，腹腔
向两侧和背侧扩张；然后屏气 2 秒。

**2** 用嘴缓缓将气体呼出，大约用时 6 秒，
同时收缩腹部，以尽量将气体呼出。
重复练习规定次数。

# 仰卧屈膝呼吸训练（仰卧腹式呼吸）

**1**

**2**

**– 变式动作 –**

将小腿放置在椅子上，使髋关节和膝关节均屈曲 90 度，然后进行呼吸训练。

## – 训练目的 –

激活膈肌，降低易紧张的肌肉的张力，协调维持机体稳态。

## – 注意事项 –

按照节奏缓慢、持续进行吸气和呼气。

## – 训练步骤 –

**1** 身体放松，仰卧在垫子上，双手叉腰，双腿屈膝，骨盆微微后倾，双脚并拢，用鼻腔缓缓吸气，大约用时 4 秒，胸廓尽量保持不动，感觉腹部向上和向两侧扩张；然后屏气 2 秒。

**2** 用嘴缓缓将气体呼出，大约用时 6 秒，同时收缩腹部，以尽量将气体呼出。重复练习规定次数。

# 婴儿式呼吸训练

**1**

**2**

- 训练目的 -

激活膈肌，降低易紧张的肌肉的张力，协调维持机体稳态。

- 注意事项 -

按照节奏缓慢、持续进行吸气和呼气。

- 训练步骤 -

**1** 身体呈跪坐姿势，上身前倾，双臂于头部两侧伸直且双手贴地，腹部与大腿相贴。保持身体姿势不变，用鼻腔缓缓吸气，大约用时 4 秒，胸廓尽量保持不动，感觉吸入的空气将背部向上扩张；然后屏气 2 秒。

**2** 用嘴缓缓将气体呼出，大约用时 6 秒，同时收缩腹部，以尽量将气体呼出。重复练习规定次数。

## 泡沫轴滚压训练

# 泡沫轴滚压小腿前侧训练

**1**

**2**

## － 变式动作 －

通过将双腿叠放增大滚压压力，增加动作难度。

### － 训练目的 －

放松小腿前侧筋膜与肌肉，促进踝关节周围软组织功能恢复。

### － 注意事项 －

滚压过程中身体稍微倾斜，避免直接滚压胫骨。

### － 训练步骤 －

**1** 身体呈俯撑姿势，双臂伸直支撑于地面，左腿屈髋、屈膝，将泡沫轴置于左腿小腿外侧下方，右腿屈膝，右脚脚尖撑地。

**2** 双手和右脚推地，带动身体前后移动，使泡沫轴在左腿小腿处慢慢来回滚动，并可在有明显酸痛点的位置进行局部反复滚动。滚动至规定时间后，换另一侧进行该动作。

# 泡沫轴滚压小腿后侧训练

**1**

**2**

- 训练目的 -

放松小腿后侧筋膜与肌肉，促进踝关节周围软组织功能恢复。

- 注意事项 -

滚压过程中保持腹部收紧，身体稳定。

- 训练步骤 -

**1** 身体呈坐姿，双臂伸直支撑于身体后侧，右腿伸直，将泡沫轴置于右腿小腿下方，左腿叠放于右腿之上。

**2** 双手推地，带动身体前后移动，使泡沫轴在右腿小腿处慢慢来回滚动，并可在有明显酸痛点的位置进行局部反复滚动。滚动至规定时间后，换另一侧进行该动作。

# 泡沫轴滚压小腿外侧训练

**1**

**2**

## − 变式动作 −

双膝伸直，臀部抬离垫面，增加动作难度。

---

### − 训练目的 −

放松小腿外侧筋膜与肌肉，促进踝关节周围软组织功能恢复。

### − 注意事项 −

滚压过程中保持腹部收紧，双腿并拢。

### − 训练步骤 −

**1** 身体呈右侧卧姿势，右臂屈肘支撑，左手支撑于身前地面，双腿屈髋、屈膝且并拢叠放，将泡沫轴置于右腿小腿下方。

**2** 小腿发力，使泡沫轴在右腿小腿处慢慢来回滚动，并可在有明显酸痛点的位置进行局部反复滚动。滚动至规定时间后，换另一侧进行该动作。

# 泡沫轴滚压小腿内侧训练

**1**

**2**

## — 变式动作 —

臀部抬离垫面，增加动作难度。

### — 训练目的 —

放松小腿内侧筋膜与肌肉，促进踝关节周围软组织功能恢复。

### — 注意事项 —

滚压过程中保持腹部收紧。

### — 训练步骤 —

**1** 身体呈右侧卧姿势，右臂屈肘撑地，左手支撑于身前地面，右腿屈髋、屈膝，左腿伸直，将泡沫轴置于左腿小腿下方。

**2** 左手及右腿推地，带动身体前后移动，使泡沫轴在左腿小腿处慢慢来回滚动，并可在有明显酸痛点的位置进行局部反复滚动。滚动至规定时间后，换另一侧进行该动作。

## 筋膜球按压扳机点训练

# 筋膜球按压小腿前侧扳机点训练

### - 训练目的 -

放松小腿前侧筋膜与肌肉，
处理扳机点。

### - 注意事项 -

在可承受的范围内利用尽量
多的自身重量进行按压，若出
现明显的刺痛或不适（而非正
常的酸痛感），应立即停止训
练。避免直接按压胫骨。

### - 训练步骤 -

身体呈俯撑姿势，双臂伸直支撑于地面，左
腿屈髋、屈膝，将筋膜球置于左腿小腿外侧
下方，右腿屈膝撑地。双手和右腿推地，带
动身体前后移动，使筋膜球在左腿小腿处慢
慢来回滚动，寻找明显的酸痛点，并可在酸
痛点着力滚动。滚动至规定时间后，换另一
侧进行该动作。

# 筋膜球按压小腿后侧扳机点训练

- 训练目的 -

放松小腿后侧筋膜与肌肉，处理扳机点。

- 注意事项 -

在可承受的范围内利用尽量多的自身重量进行按压，若出现明显的刺痛或不适（而非正常的酸痛感），应立即停止训练。

- 训练步骤 -

身体呈坐姿，双臂伸直支撑于身体后侧，右腿伸直，将筋膜球置于右腿小腿下方，左腿屈膝。双手推地，带动身体前后移动，使筋膜球在右腿小腿处慢慢来回滚动，寻找明显的酸痛点，并可在酸痛点着力滚动。滚动至规定时间后，换另一侧进行该动作。

# 筋膜球按压小腿后侧扳机点训练（脚部屈伸）

**1**

**2**

**– 训练目的 –**

放松小腿后侧筋膜与肌肉，处理扳机点。

**– 注意事项 –**

动作过程中保持身体稳定，训练侧腿部伸直。

**– 训练步骤 –**

**1** 身体呈坐姿，双臂伸直支撑于身体后侧，左腿屈膝，左脚撑地，右腿伸直，右脚向下绷脚（背屈），将筋膜球置于右腿小腿下方靠近踝关节的位置。

**2** 保持身体姿势不变，右脚慢慢向上勾脚，保持1~2秒。恢复至起始姿势，重复规定时间后，换另一侧进行该动作。

# 筋膜球按压小腿外侧扳机点训练

**– 变式动作 –**

身体呈侧卧姿势，利用更多自身重量进行按压。

**– 训练目的 –**

放松小腿外侧筋膜与肌肉，处理扳机点。

**– 注意事项 –**

在可承受的范围内利用尽量多的自身重量进行按压，若出现明显的刺痛或不适（而非正常的酸痛感），应立即停止训练。

**– 训练步骤 –**

身体呈坐姿，左腿向左侧伸直并打开，右腿屈髋、屈膝，左手握住右脚，右手扶于右膝之上，将筋膜球置于右腿小腿下方慢慢来回滚动，寻找明显的酸痛点，并可在酸痛点着力滚动。滚动至规定时间后，换另一侧进行该动作。

# 筋膜球按压小腿内侧扳机点训练

**1**

**2**

### – 训练目的 –

放松小腿内侧筋膜与肌肉，处理扳机点。

### – 注意事项 –

在可承受的范围内利用尽量多的自身重量进行按压，若出现明显的刺痛或不适（而非正常的酸痛感），应立即停止训练。

### – 训练步骤 –

**1** 身体呈右侧卧姿势，右臂屈肘撑地，左手支撑于身前地面，右腿屈髋、屈膝，左腿伸直，将筋膜球置于左腿小腿下方。

**2** 左手及右腿推地，带动身体前后移动，使筋膜球在左腿小腿处慢慢来回滚动，寻找明显的酸痛点，并可在酸痛点着力滚动。滚动至规定时间后，换另一侧进行该动作。

# 筋膜球按压足底训练

**– 训练目的 –**

放松足底筋膜。

**– 注意事项 –**

在可承受的范围内利用尽
量多的自身重量进行按压，
若出现明显的刺痛或不适
（而非正常的酸痛感），
应立即停止训练。

**– 训练步骤 –**

身体呈站姿，双手叉腰，将筋膜球（可
用网球替代）置于左脚下方慢慢来回滚
动，寻找明显的酸痛点，并可在酸痛点
着力滚动。滚动至规定时间后，换另一
侧进行该动作。

# 筋膜球按压脚面软组织训练

## – 训练目的 –

放松脚背的筋膜与肌肉。

## – 注意事项 –

避免使用筋膜球直接按压骨骼，若出现明显的刺痛或不适（而非正常的酸痛感），应立即停止训练。

## – 训练步骤 –

身体呈坐姿，左腿向前伸直，右腿向后屈膝，右手扶住右膝，左手将筋膜球置于右脚脚背上慢慢来回滚动，寻找明显的酸痛点，并可在酸痛点着力滚动。滚动至规定时间后，换另一侧进行该动作。

# 筋膜球按压跟腱训练

**1**

**2**

### − 训练目的 −

放松跟腱及周围的肌肉。

### − 注意事项 −

避免使用筋膜球直接按压骨骼，若出现明显的刺痛或不适（而非正常的酸痛感），应立即停止训练。

### − 训练步骤 −

**1** 身体呈坐姿，右腿向前伸直，将左脚脚踝搭在右膝上，左手扶住左膝，右手将筋膜球按于左腿跟腱部位。

**2** 右手施力在跟腱部位慢慢旋转按压筋膜球，寻找明显的酸痛点，并可在酸痛点加大力度。按压至规定时间后，换另一侧进行该动作。

# 筋膜球按压内踝周围软组织训练

**1**

**2**

- 训练目的 -

放松内踝周围的筋膜和肌肉。

- 注意事项 -

避免使用筋膜球直接按压骨骼，若出现明显的刺痛或不适（而非正常的酸痛感），应立即停止训练。

- 训练步骤 -

**1** 身体呈坐姿，右腿向前伸直，将左脚脚踝搭在右膝上，左手扶住左膝，右手将筋膜球按于左脚内踝周围的位置。

**2** 右手施力在内踝周围慢慢旋转按压筋膜球，寻找明显的酸痛点，并可在酸痛点加大力度。按压至规定时间后，换另一侧进行该动作。

# 筋膜球按压外踝周围软组织训练

**1**

**2**

## － 训练目的 －

放松外踝周围的筋膜和肌肉。

## － 注意事项 －

避免使用筋膜球直接按压骨骼，若出现明显的刺痛或不适（而非正常的酸痛感），应立即停止训练。

## － 训练步骤 －

**1** 身体呈坐姿，左腿向前伸直，右腿向后屈膝，左手扶住右膝，右手将筋膜球按于右脚外踝周围的位置。

**2** 右手施力在外踝周围慢慢旋转按压筋膜球，寻找明显的酸痛点，并可在酸痛点加大力度。按压至规定时间后，换另一侧进行该动作。

## 肌肉静态拉伸训练

# 静态拉伸小腿前侧训练

**1**

**2**

---

**- 训练目的 -**

促进恢复小腿前侧肌群的弹性及初始肌肉长度。

**- 注意事项 -**

拉伸过程中保持拉伸腿位置固定，同时避免使用过大的力进行拉伸。

**- 训练步骤 -**

**1** 身体呈坐姿，右腿伸直，左腿屈曲置于右膝之上，左手握住左膝，右手握住左脚。

**2** 右手将左脚向后拉动，直至左腿小腿前侧肌群有中等强度的拉伸感。保持 20~30 秒后，换另一侧进行该动作。

# 静态拉伸小腿后侧训练

1

2

## － 训练目的 －

促进恢复小腿后侧肌群的弹性及初始肌肉长度。

## － 注意事项 －

拉伸过程中保持躯干挺直，身体稳定，拉伸腿伸直。

## － 训练步骤 －

1　身体呈俯撑姿势，双臂伸直支撑于地面，左腿伸直，左脚脚尖着地，右侧小腿交叠于左腿之上。

2　左脚下压，脚跟慢慢着地，直至左腿小腿后侧肌群有中等强度的拉伸感。保持20~30秒后，换另一侧进行该动作。

# 静态拉伸小腿外侧训练

**1**

**2**

── 训练目的 ──

促进恢复小腿外侧肌群的
弹性及初始肌肉长度。

── 注意事项 ──

拉伸过程中保持躯干挺直，
非拉伸腿紧贴地面，避免
使用过大的力进行拉伸。

── 训练步骤 ──

**1** 身体呈坐姿，左腿伸直，右腿向内屈曲并将右
踝置于左腿大腿上，左手握住右脚脚背，右手
握住右腿小腿。

**2** 左手发力使右脚向内翻，同时右手发力将右膝
向后拉，直至右腿小腿外侧肌群有中等强度的
拉伸感。保持 20~30 秒后，换另一侧进行该
动作。

# 静态拉伸小腿内侧训练

**－ 训练目的 －**

促进恢复小腿内侧肌群的弹性及初始肌肉长度。

**－ 注意事项 －**

拉伸过程中保持躯干挺直，拉伸腿的位置固定，避免使用过大的力进行拉伸。

**－ 训练步骤 －**

身体呈坐姿，左腿伸直，右腿向后屈曲，左手握住右膝，右手从内侧握住右脚脚掌并向外拉动，直至右腿小腿内侧肌群有中等强度的拉伸感。保持20~30秒后，换另一侧进行该动作。

# 静态拉伸踇趾训练

### – 训练目的 –

促进恢复踇趾的灵活性。

### – 注意事项 –

拉伸过程中保持躯干挺直，
拉伸腿的位置固定，避免
使用过大的力进行拉伸。

### – 训练步骤 –

身体呈坐姿，左腿伸直，右腿向后屈曲，右手
握住右脚脚踝，左手握住右脚脚掌并用踇指向
后拉右脚踇趾，直至右脚踇趾有中等强度的拉
伸感。保持 20~30 秒后，换另一侧进行该动作。

# 脚趾支撑坐姿训练

## － 训练目的 －

促进恢复脚趾周围肌肉的弹性及初始肌肉长度。

## － 注意事项 －

拉伸过程中保持均匀呼吸，避免弯腰驼背。

## － 训练步骤 －

身体呈跪坐姿势，躯干挺直，双手自然置于双腿之上，臀部紧贴双脚脚跟，双脚脚趾撑地。保持 1~10 分钟（根据自身适应能力）。

# 脚背支撑坐姿训练

- 训练目的 -

促进恢复脚趾周围肌肉的
弹性及初始肌肉长度。

- 注意事项 -

拉伸过程中保持均匀呼吸，
避免弯腰驼背。

- 训练步骤 -

身体呈跪坐姿势，躯干挺直，双手自然置于双
腿之上，臀部紧贴双脚脚跟，双脚脚背紧贴地面。
保持 1~10 分钟（根据自身适应能力）。

# 3.2.2 足踝灵活性训练

　　整个下肢运动链功能的正常发挥让我们能够在各种复杂地形和运动场景中保持平衡和进行包括走、跑、跳等在内的运动，但足踝灵活性的重要性却常常被人们忽视。事实上，当足踝灵活性出现问题时，会使膝关节和髋关节在运动中承担不正常的压力，并进一步导致下肢运动力线的变化，增加损伤风险。

　　例如踝关节在矢状面内的灵活性对于膝关节的稳定功能至关重要，许多膝关节的慢性疼痛和损伤与踝关节灵活性不足有关。良好的踝关节灵活性是完成高质量深蹲动作的必要条件之一。如果踝关节灵活性不足，在完成深蹲动作时膝关节就会产生代偿，下肢力量产生异常，对膝关节内侧产生剪切力，容易引发膝关节周围软组织紧张或慢性疼痛。

　　因此，恢复足踝灵活性对于改善下肢运动链功能具有重要意义。此外，足踝灵活性不足本身也是足踝部位活动受限和产生慢性疼痛的主要诱因之一。而要想恢复足踝灵活性，可以按照以下方法顺序进行训练。

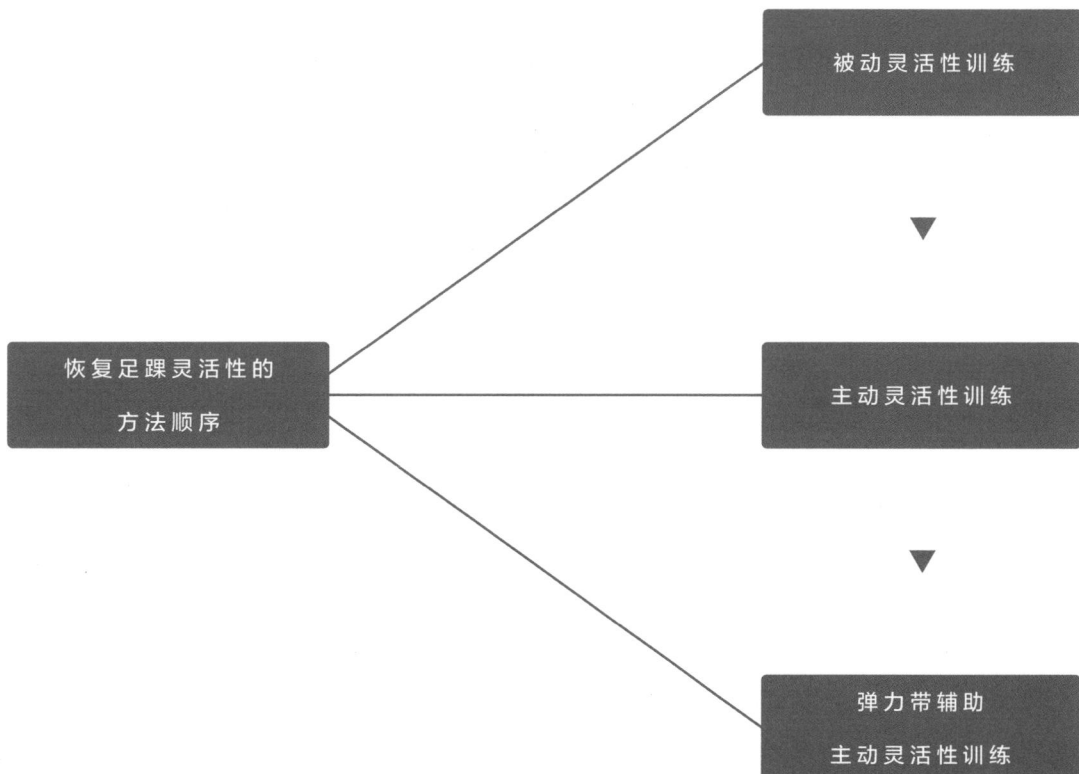

```
┌──────────────────┐
│   恢复足踝灵活性的   │────────────┐
│     方法顺序       │            │
└──────────────────┘            │
                                ┌──────────────────┐
                                │   被动灵活性训练    │
                                └──────────────────┘
                                         ▼
                                ┌──────────────────┐
                                │   主动灵活性训练    │
                                └──────────────────┘
                                         ▼
                                ┌──────────────────┐
                                │   弹力带辅助       │
                                │  主动灵活性训练    │
                                └──────────────────┘
```

**被动灵活性训练**

# 被动跗趾灵活性训练

**1**

**2**

---

### — 训练目的 —

缓解跗趾周围肌肉的紧张,提高跗趾的灵活性。

### — 注意事项 —

动作过程中避免用力掰扯跗趾。

### — 训练步骤 —

**1** 身体呈坐姿,左腿伸直,右腿向后屈曲,右手握住右脚脚踝,左手捏住右脚跗趾并向后拉至最大限度,保持 2~3 秒。

**2** 保持身体姿势不变,左手向前推右脚跗趾至最大限度,保持 2~3 秒。重复规定次数后,换另一侧进行该动作。

# 被动全脚趾灵活性训练

**1**

**2**

**– 训练目的 –**

缓解脚趾周围肌肉的紧张，提高脚趾的灵活性。

**– 注意事项 –**

动作过程中避免过度用力，引起疼痛。

**– 训练步骤 –**

**1** 身体呈坐姿，左腿伸直，右腿屈曲，右脚脚踝置于左膝内侧，右手握住右膝（控制踝关节位置），左手握住右脚前脚掌并牢牢控制右脚脚趾。

**2** 左手发力带动右脚跖骨分别进行屈伸运动和旋转运动。重复规定的时间或次数后，换另一侧进行该动作。

# 被动跖骨灵活性训练

**1**

**2**

## - 训练目的 -

增强跖骨周围关节的灵活性。

## - 注意事项 -

动作过程中避免过度用力，引起疼痛。

## - 训练步骤 -

**1** 身体呈坐姿，右腿伸直，左腿屈曲，左脚脚踝置于右膝上方，左手握住左脚脚背（控制踝关节位置），右手握住左脚前脚掌并牢牢控制左脚脚趾。

**2** 右手发力带动左脚跖骨分别进行屈伸运动、旋转运动和侧向运动。重复规定的时间或次数后，换另一侧进行该动作。

# 被动跟骨灵活性训练

1

2

─ 训练目的 ─

增强踝关节背屈和跖屈的灵活性。

─ 注意事项 ─

动作过程中避免过度用力，引起疼痛。

─ 训练步骤 ─

1　身体呈坐姿，右腿伸直，左腿屈曲，左脚脚踝置于右膝上方，左手握住左脚脚背（控制踝关节位置），右手握住左脚脚跟。

2　右手发力带动左脚跟骨分别进行屈伸运动、旋转运动和侧向运动（动作幅度并不大）。重复规定的时间或次数后，换另一侧进行该动作。

# 主动灵活性训练

## 脚趾张开训练

### – 训练目的 –

增强脚趾的动态灵活性，促进建立足弓。

### – 注意事项 –

动作过程中保持身体姿势不变，避免因过度用力引起代偿。

### – 训练步骤 –

身体呈坐姿，左腿伸直，右腿屈曲，双手分别握住同侧膝关节，左脚脚趾向外展开至最大限度，保持 2~3 秒。左脚脚趾恢复至自然状态，然后重复上述过程规定次数后，换另一侧进行该动作。

# 脚趾弯曲训练

**1**

**2**

— 其他角度 —

## — 训练目的 —

增强脚趾的动态灵活性，促进建立足弓。

## — 注意事项 —

动作过程中保持身体姿势不变，避免晃动。

## — 训练步骤 —

**1** 身体呈站姿，双手叉腰，双脚分开与肩同宽或略窄，脚尖朝前，整个脚掌完全踩实。

**2** 双脚脚趾发力向下抓地至最大限度，保持 2~3 秒。恢复至起始姿势，重复规定次数。

# 抬蹬趾训练

**1**

**2**

---

### – 训练目的 –

增强蹬趾的动态灵活性。

### – 注意事项 –

动作过程中保持身体姿势不变，避免非练习侧代偿。

### – 训练步骤 –

**1** 身体呈站姿站，双手叉腰（图中未展示），双脚并拢或稍微打开（更稳定），脚尖朝前，整个脚掌完全踩实。

**2** 保持右脚及左脚脚掌和蹬趾外四趾稳定不动，左脚蹬趾向上抬起至最大限度，保持 2~3 秒。恢复至起始姿势，重复规定次数后，换另一侧进行该动作。若身体的平衡性和稳定性较强，也可双侧一起进行本项训练。

# 半泡沫轴活动脚趾训练

**1**

**2**

**3**

**4**

---

### － 训练目的 －

增强脚趾的动态灵活性。

### － 注意事项 －

动作过程中保持躯干挺直，长杆竖直，非练习侧腿稳定支撑。

### － 训练步骤 －

**1** 身体呈右腿在前、左腿在后的分腿站姿，右脚脚趾踩在半泡沫轴（曲面朝上，可用毛巾卷替代）上。将一根长杆垂直立于半泡沫轴的前方，双手握住长杆，保持身体稳定。

**2** 保持右脚脚趾踩在半泡沫轴上，右腿屈膝前顶至超过脚尖，同时右脚脚跟向上抬起至最大限度，保持 2~3 秒。

**3** 
**~** 
**4** 右脚向后撤步，脚尖点地。然后利用自身重量下压右脚，使右脚脚趾向后屈曲至最大限度，保持 2~3 秒。恢复至起始姿势，重复规定次数后，换另一侧进行该动作。

# 脚趾夹球训练

- 训练目的 -

增强足底的本体感觉以及脚趾的动态灵活性。

- 注意事项 -

动作过程中保持身体稳定，避免晃动。

- 训练步骤 -

1　身体呈站姿，双手叉腰，双脚并拢，在双脚前方放置玻璃珠。

2　右脚向前移动并用脚趾紧紧抓住玻璃珠，随后右脚向上抬起，保持 2~3 秒。

3　右脚脚趾紧紧抓住玻璃珠并将其移动到身体右前方，随后将玻璃珠稳稳放下。恢复至起始姿势，重复规定次数后，换另一侧进行该动作。

# 转脚踝训练

**1**

**2**

- 训练目的 -

增强踝关节的动态灵活性。

- 注意事项 -

动作过程中保持身体稳定，避免练习侧膝关节、髋关节产生代偿。

- 训练步骤 -

**1** 身体呈坐姿，双臂伸直撑于体后，左腿屈曲，左脚撑地，右腿伸直并将泡沫轴置于右腿小腿下方。

**2** 右踝关节先顺时针后逆时针地进行最大限度的旋转运动。重复规定次数后，换另一侧进行该动作。

# 勾脚尖、绷脚尖训练

**1**

**2**

---

## - 训练目的 -

增强踝关节的动态灵活性。

## - 注意事项 -

动作过程中保持身体稳定，
避免练习侧膝关节、髋关节
产生代偿。

## - 训练步骤 -

**1** 身体呈坐姿，双臂伸直撑于体后，左腿屈
曲，左脚撑地，右腿伸直并将泡沫轴置于
右腿小腿下方，右脚脚尖向上勾起至最大
限度，保持 2~3 秒。

**2** 保持身体姿势不变，右脚脚尖向下压低至
最大限度，保持 2~3 秒。恢复至起始姿势，
重复规定次数后，换另一侧进行该动作。

# 缩足训练

**1**

**2**

### – 训练目的 –

增强踝关节的动态灵活性，
促进建立足弓。

### – 注意事项 –

动作过程中保持身体稳定，
避免晃动和代偿。

### – 训练步骤 –

**1** 身体呈左脚在前、右脚在后的分
腿站姿，双手叉腰（图中未展示），
双脚踩实。

**2** 保持左脚脚跟位置不变，左脚脚
趾后缩、脚掌向上提起至最大限
度，保持2~3秒。恢复至起始姿势，
重复规定次数后，换另一侧进行
该动作。

# 跪姿单侧足背屈训练

### - 训练目的 -

增强脚趾及踝关节的动态
灵活性。

### - 注意事项 -

动作过程中避免身体左右
摇晃。

### - 训练步骤 -

身体呈单腿跪姿，躯干前倾，双手支撑于身体
两侧，右腿向前伸直或略微屈膝，右脚脚跟撑
地，臀部向后坐在左脚脚跟上，左脚脚尖撑地。
保持 20~30 秒后，换另一侧进行该动作。

# 跪姿单侧足背伸训练

## － 训练目的 －

增强脚趾及踝关节的动态灵活性。

## － 注意事项 －

动作过程中避免身体左右摇晃。

## － 训练步骤 －

身体呈单腿跪姿，躯干前倾，双手支撑于身体两侧，右腿向前伸直或略微屈膝，右脚脚跟撑地，臀部向后坐在左脚上，左脚脚背紧贴地面。保持 20~30 秒后，换另一侧进行该动作。

# 跪姿膝关节前顶训练

**1**

**2**

- 训练目的 -

增强踝关节的动态灵活性。

- 注意事项 -

动作过程中保持躯干挺直，长杆竖直，双腿膝关节朝向正前方，前脚完全触地，避免髋部旋转或倾斜。

- 训练步骤 -

**1** 身体呈单腿跪姿，左腿屈膝在前，右腿屈膝跪在平衡垫上，双侧膝关节均呈 90 度。将一根长杆垂直立于左脚内侧，右手握住长杆，左手叉腰，保持身体稳定。

**2** 保持躯干挺直，身体重心前移，左腿膝关节前顶，直至左腿小腿后侧肌群有中等强度的拉伸感，保持 2~3 秒。恢复至起始姿势，重复规定次数后，换另一侧进行该动作。

# 脚尖垫高跪姿膝关节前顶训练

**1**

**2**

## – 训练目的 –

增强踝关节的动态灵活性。

## – 注意事项 –

动作过程中保持躯干挺直，长杆竖直，双腿膝关节朝向正前方，避免髋部旋转或倾斜。

## – 训练步骤 –

**1** 身体呈单腿跪姿，左腿屈膝在前，左脚脚趾或前脚掌踩在半泡沫轴（曲面朝上，可用瑜伽砖或高度适宜的木块替代）上，右腿屈膝跪在平衡垫上，双侧膝关节均呈90度。将一根长杆垂直立于左脚内侧，右手握住长杆，左手叉腰，保持身体稳定。

**2** 保持躯干挺直，身体重心前移，左腿膝关节前顶，直至左腿小腿后侧肌群有中等强度的拉伸感，保持2~3秒。恢复至起始姿势，重复规定次数后，换另一侧进行该动作。

# 半开放位跪姿膝关节前顶训练

**1**

**2**

## – 训练目的 –

增强踝关节的动态灵活性。

## – 注意事项 –

动作过程中保持躯干挺直，长杆竖直，练习侧膝关节和脚尖方向一致。

## – 训练步骤 –

**1** 身体呈单腿跪姿，左腿屈膝在前并向外打开约 45 度，右腿屈膝跪在平衡垫上，双侧膝关节均呈 90 度。将一根长杆垂直立于右肩正前方且约与左脚脚跟平齐，右手握住长杆，左手叉腰，保持身体稳定。

**2** 保持躯干挺直，身体重心向左前方 45 度移动，左腿膝关节前顶，直至左腿小腿后侧肌群有中等强度的拉伸感，保持 2~3 秒。恢复至起始姿势，重复规定次数后，换另一侧进行该动作。

# 半开放位脚尖垫高跪姿膝关节前顶训练

**1**

**2**

- **训练目的 -**

增强踝关节的动态灵活性。

- **注意事项 -**

动作过程中保持躯干挺直，长杆竖直，练习侧膝关节和脚尖方向一致。

- **训练步骤 -**

**1** 身体呈单腿跪姿，左腿屈膝在前并向外打开约45度，左脚脚趾或前脚掌踩在半泡沫轴（曲面朝上）上，右腿屈膝跪在平衡垫上，双侧膝关节均呈90度。将一根长杆垂直立于右肩正前方且约与左脚脚跟平齐，右手握住长杆，左手叉腰，保持身体稳定。

**2** 保持躯干挺直，身体重心向左前方45度移动，左腿膝关节前顶，直至左腿小腿后侧肌群有中等强度的拉伸感，保持2~3秒。恢复至起始姿势，重复规定次数后，换另一侧进行该动作。

# 开放位跪姿膝关节前顶训练

**1**

**2**

## – 训练目的 –

增强踝关节的动态灵活性。

## – 注意事项 –

动作过程中保持躯干挺直，长杆竖直，练习侧膝关节和脚尖方向一致。

## – 训练步骤 –

**1** 身体呈单腿跪姿，左腿屈膝在前并向外打开约90度，右腿屈膝跪在平衡垫上，双侧膝关节均呈90度。将一根长杆垂直立于左脚内侧，右手握住长杆，左手叉腰，躯干向左侧旋转约45度。

**2** 保持躯干挺直，身体重心向左脚方向移动，左腿膝关节前顶，直至左腿小腿后侧肌群有中等强度的拉伸感，保持2~3秒。恢复至起始姿势，重复规定次数后，换另一侧进行该动作。

# 开放位脚尖垫高跪姿膝关节前顶训练

足踝灵活性训练 ▼ 主动灵活性训练

**– 训练目的 –**

增强踝关节的动态灵活性。

**– 注意事项 –**

动作过程中保持躯干挺直，长杆竖直，练习侧膝关节和脚尖方向一致。

**– 训练步骤 –**

**1** 身体呈单腿跪姿，左腿屈膝在前并向外打开约90度，左脚脚趾或前脚掌踩在半泡沫轴（曲面朝上）上，右腿屈膝跪在平衡垫上，双侧膝关节均呈90度。将一根长杆垂直立于左脚内侧，右手握住长杆，左手叉腰，躯干向左侧旋转约45度。

**2** 保持躯干挺直，身体重心向左脚方向移动，左腿膝关节前顶，直至左腿小腿后侧肌群有中等强度的拉伸感，保持2~3秒。恢复至起始姿势，重复规定次数后，换另一侧进行该动作。

# 站姿膝关节前顶踝关节灵活性训练

**1**

**2**

**- 训练目的 -**

增强踝关节的动态灵活性。

**- 注意事项 -**

动作过程中保持双腿膝关节和脚尖朝向正前方，练习侧脚紧贴地面。

**- 训练步骤 -**

**1** 身体呈右腿在前、左腿在后的分腿站姿。将一根长杆垂直立于身体前方，双手握住长杆，保持身体稳定（也可双手扶墙进行练习）。

**2** 保持躯干挺直，双腿屈膝前顶至右腿膝关节超过右脚脚尖，左脚脚跟可抬离地面，直至右腿小腿后侧肌群有中等强度的拉伸感，保持2~3秒。恢复至起始姿势，重复规定次数后，换另一侧进行该动作。

# 脚尖垫高站姿膝关节前顶踝关节灵活性训练

**1**

**2**

― 训练目的 ―

增强踝关节的动态灵活性。

― 注意事项 ―

动作过程中保持躯干挺直，长杆竖直，双腿膝关节和脚尖朝向正前方。

― 训练步骤 ―

**1** 身体呈右腿在前、左腿在后的分腿站姿，右脚脚趾或前脚掌踩在半泡沫轴（曲面朝上）上。将一根长杆垂直立于半泡沫轴的前方，双手握住长杆，保持身体稳定。

**2** 保持躯干挺直，双腿屈膝前顶，直至右腿小腿后侧肌群有中等强度的拉伸感，保持2~3秒。恢复至起始姿势，重复规定次数后，换另一侧进行该动作。

# 站姿脚尖踩半泡沫轴俯身训练

**- 变式动作 -**

站姿脚跟踩半泡沫轴俯身训练

## - 训练目的 -

增强踝关节的动态灵活性。

## - 注意事项 -

动作过程中保持身体稳定，避免代偿。

## - 训练步骤 -

**1** 身体呈站姿，双脚前脚掌踩在半泡沫轴（曲面朝上）上，双臂于身体两侧伸直。

**2** 双臂向上抬起并于头部两侧伸直，双手掌心向前，同时抬头看向天花板，保持 2~3 秒。

**3** 屈髋俯身，双手向下触摸脚尖，同时低头看向脚尖，保持 2~3 秒。恢复至起始姿势，重复规定次数。

## 弹力带辅助主动灵活性训练

# 弹力带向后牵拉踝关节灵活性训练

**1**

**2**

- 训练目的 -

增强踝关节的动态灵活性。

- 注意事项 -

动作过程中保持躯干挺直，长杆竖直，双腿膝关节朝向正前方，前脚完全触地，避免髋部旋转或倾斜。

- 训练步骤 -

**1** 身体呈单腿跪姿，左腿屈膝在前，右腿屈膝跪在平衡垫上，双侧膝关节均呈90度。将一根长杆垂直立于左脚内侧，右手握住长杆，左手叉腰，保持身体稳定。将弹力带的一端固定在身体正后方约与踝关节同高处，另一端从左腿踝关节前面靠下位置绕过，使弹力带具有一定张力。

**2** 保持躯干挺直，身体重心前移，左腿膝关节前顶至超过左脚脚尖，直至左腿小腿后侧肌群有中等强度的拉伸感，保持2~3秒。恢复至起始姿势，重复规定次数后，换另一侧进行该动作。

# 脚尖垫高弹力带向后牵拉踝关节灵活性训练

---

### － 训练目的 －

增强踝关节的动态灵
活性。

### － 注意事项 －

动作过程中保持躯干挺
直，长杆竖直，双腿膝
关节朝向正前方，前脚
完全触地，避免髋部旋
转或倾斜。

### － 训练步骤 －

**1** 身体呈单腿跪姿，左腿屈膝在前，左脚脚趾或前
脚掌踩在半泡沫轴（曲面朝上）上，右腿屈膝跪
在平衡垫上，双侧膝关节均呈 90 度。将一根长
杆垂直立于左脚内侧，右手握住长杆，左手叉腰，
保持身体稳定。将弹力带的一端固定在身体正后
方约与踝关节同高处，另一端从左腿踝关节前面
靠下位置绕过，使弹力带具有一定张力。

**2** 保持躯干挺直，身体重心前移，左腿膝关节前顶
至超过左脚脚尖，直至左腿小腿后侧肌群有中等
强度的拉伸感，保持 2~3 秒。恢复至起始姿势，
重复规定次数后，换另一侧进行该动作。

# 单腿台阶弹力带向后牵拉踝关节灵活性训练

**1**

**2**

**– 训练目的 –**

增强踝关节的动态灵活性。

**– 注意事项 –**

拉伸过程中保持躯干挺直，双腿膝关节和脚尖朝向正前方。

**– 训练步骤 –**

**1** 身体呈分腿站姿，左腿屈膝 90 度在前且左脚踩在跳箱上，右腿伸直在后，双手自然扶于左膝上方。将弹力带的一端固定在身体正后方低处，另一端从左腿踝关节前面靠下位置绕过，使弹力带具有一定张力。

**2** 保持躯干挺直，身体重心前移，左腿膝关节前顶至超过左脚脚尖，直至左腿小腿后侧肌群有中等强度的拉伸感，保持2~3 秒。恢复至起始姿势，重复规定次数后，换另一侧进行该动作。

# 弹力带辅助踝关节灵活性主动训练

**1**

**2**

## – 训练目的 –

增强踝关节的动态灵活性。

## – 注意事项 –

动作过程中保持身体稳定。

## – 训练步骤 –

**1** 身体呈站姿，双手扶于身体前方的物体上，身体略微前倾，双膝微屈，左脚脚尖抬起置于瑜伽砖上，脚跟着地，右脚全脚掌着地。将弹力带的一端固定在身体正后方约与踝关节同高处，另一端从左腿踝关节前面靠下位置绕过，使弹力带具有一定张力。

**2** 保持身体姿势不变，左腿缓慢伸直，保持1~2秒。恢复至起始姿势，重复规定次数后，换另一侧进行该动作。

# 3.2.3 髋关节灵活性训练

下肢运动链主要涉及髋关节、膝关节、踝关节和足部关节，这意味着这些关节在下肢运动中相互协作且相互影响，其中任何一个关节的功能问题均可能导致其他关节出现代偿或姿势不良，并进一步导致下肢运动力线的变化，产生活动受限、慢性疼痛等功能问题。而髋关节在下肢运动链中的主要功能是灵活性，如果其灵活性不足，就可能导致踝关节处承受过大的压力，造成不同程度的功能障碍。

因此，在改善踝关节功能时，需要关注髋关节灵活性。如果髋关节灵活性不足，那么就需要对髋关节进行灵活性纠正训练，恢复其灵活性，保证下肢整体生物力学模式的合理性。要想恢复髋关节的灵活性，首先要利用泡沫轴滚压和局部筋膜球按压对髋关节周围的软组织进行松解，然后通过拉伸恢复相关肌肉的弹性和初始长度，最后进行一些动态灵活性训练。

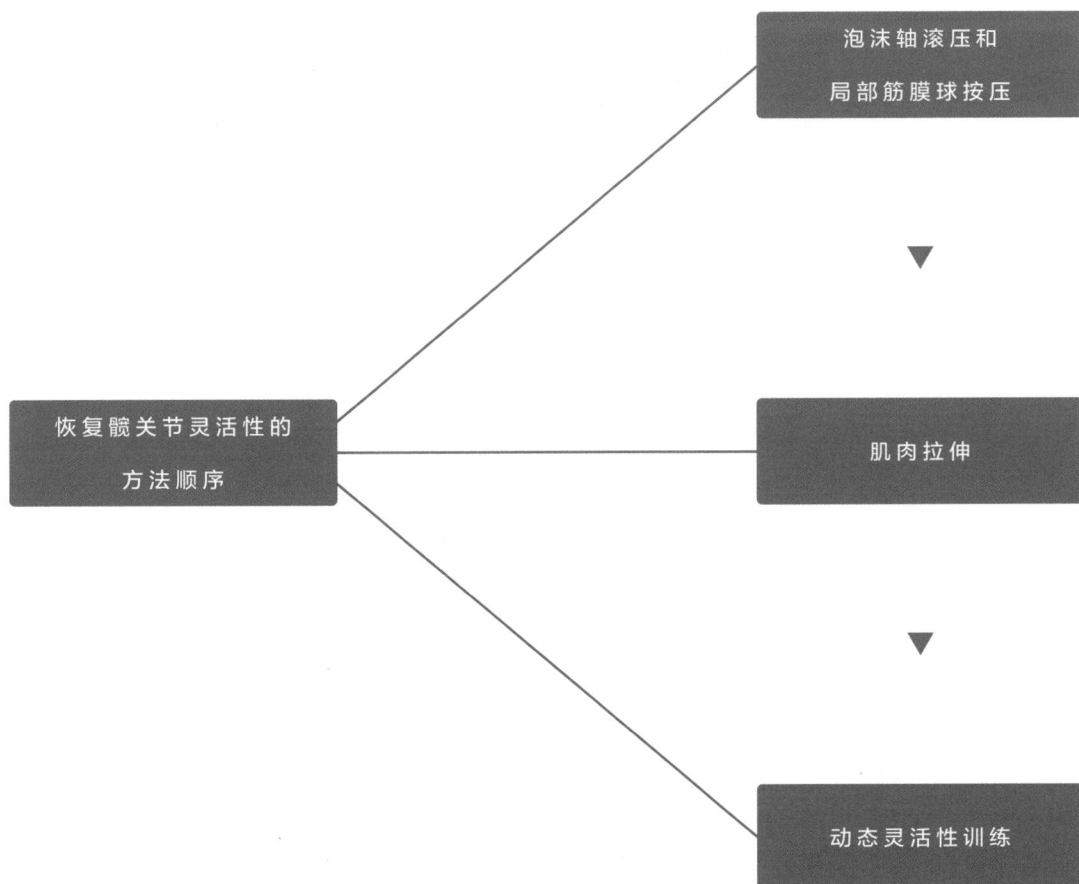

```
                                    ┌──────────────────┐
                                    │  泡沫轴滚压和      │
                                    │  局部筋膜球按压    │
                                    └──────────────────┘
                                             ▼
┌──────────────────┐               ┌──────────────────┐
│ 恢复髋关节灵活性的 │               │    肌肉拉伸        │
│    方法顺序       │               └──────────────────┘
└──────────────────┘                        ▼
                                    ┌──────────────────┐
                                    │  动态灵活性训练    │
                                    └──────────────────┘
```

# ▰ 软组织松解训练

# 筋膜球按压髂腰肌扳机点训练

## − 训练目的 −

放松髂腰肌，处理扳机点。

## − 注意事项 −

在可承受的范围内利用尽量多的自身重量进行按压，若出现明显的刺痛或不适（而非正常的酸痛感），应立即停止训练。

## − 训练步骤 −

身体呈俯卧姿势，双手叠放在下巴下方，将筋膜球置于左侧髋关节下方。身体移动，使筋膜球在左侧髋关节周围慢慢来回滚动，寻找明显的酸痛点，并可在酸痛点着力滚动。滚动至规定时间后，换另一侧进行该动作。

# 筋膜球按压梨状肌扳机点训练

## - 训练目的 -

放松梨状肌，处理扳机点。

## - 注意事项 -

在可承受的范围内利用尽量多的自身重量进行按压，若出现明显的刺痛或不适（而非正常的酸痛感），应立即停止训练。

## - 训练步骤 -

身体呈坐姿，双臂伸直支撑于身体后侧，左腿屈膝支撑于地面，右腿屈膝上抬，右脚放在左膝上，将筋膜球置于右侧臀部外侧下方。身体移动，使筋膜球在右侧臀部外侧周围慢慢来回滚动，寻找明显的酸痛点，并可在酸痛点着力滚动。滚动至规定时间后，换另一侧进行该动作。

## 肌肉静态拉伸训练

# 静态拉伸臀肌训练

**1**

**2**

---

### - 训练目的 -

促进恢复臀肌的弹性及
初始肌肉长度。

### - 注意事项 -

拉伸过程中保持非拉伸
腿伸直，髋部紧贴地面。

### - 训练步骤 -

**1** 身体呈仰卧姿势，左腿伸直，右腿屈髋、屈膝
上抬，双手抱住右腿小腿。

**2** 双手拉动右腿小腿使其靠近躯干，直至臀部肌
肉有中等强度的拉伸感。保持 20~30 秒后，换
另一侧进行该动作。

# 静态拉伸髂腰肌训练

**1**

**2**

## – 训练目的 –

促进恢复髂腰肌的弹性
及初始肌肉长度。

## – 注意事项 –

拉伸过程中保持躯干挺
直，手臂伸直上举，双
腿膝关节朝向正前方，
避免髋部旋转或倾斜。

## – 训练步骤 –

**1** 身体呈单腿跪姿，躯干挺直，右腿在前，
左腿在后，双腿大腿与小腿间的角度均
大于 90 度，左臂伸直举过头顶，右手
扶于腰部。

**2** 保持躯干挺直，身体重心前移并下压，
直至左侧髂腰肌有中等强度的拉伸感。
保持 20~30 秒后，换另一侧进行该动作。

# 静态拉伸梨状肌训练（仰卧姿势）

**1**

**2**

## – 变式动作 –

通过用双手抱住拉伸腿的大腿进行拉伸。

### – 训练目的 –

促进恢复梨状肌的弹性
及初始肌肉长度。

### – 注意事项 –

拉伸过程中保持躯干稳
定且紧贴地面。

### – 训练步骤 –

**1** 身体呈仰卧姿势，双腿屈髋、屈膝上抬，将右
脚置于左腿膝关节处，双手抱住左腿小腿（右
手从右腿下方穿过）。

**2** 双手拉动左腿使其靠近躯干，直至左侧梨状肌
有中等强度的拉伸感。保持 20~30 秒后，换另
一侧进行该动作。

# 静态拉伸梨状肌训练（跪坐姿势）

**1**

**2**

## – 训练目的 –

促进恢复梨状肌的弹性
及初始肌肉长度。

## – 注意事项 –

拉伸过程中避免髋部旋
转或倾斜。

## – 训练步骤 –

**1** 身体呈跪坐姿势，左腿屈髋、屈膝置于体
前，大腿和臀部抬离地面，右腿向后自然
伸直，双臂伸直支撑于左腿前方的地面。

**2** 躯干前倾下压，直至左侧梨状肌有中等
强度的拉伸感。保持 20~30 秒后，换另
一侧进行该动作。

## 弹力带辅助肌肉拉伸训练

# 弹力带拉伸髂腰肌训练

**1**

**2**

---

### － 训练目的 －

促进恢复髂腰肌的弹性
及初始肌肉长度。

### － 注意事项 －

拉伸过程中保持躯干挺
直，手臂伸直上举，双
腿膝关节朝向正前方，
避免髋部旋转或倾斜。

### － 训练步骤 －

**1** 身体呈单腿跪姿，左腿在前，右腿在后，右臂
伸直举过头顶，左手扶于腰部。将弹力带的一
端固定在身体右侧约与髋关节同高处（或由辅
助者握住），另一端绕过右腿大腿根部，使弹
力带具有一定张力。

**2** 保持躯干挺直，身体重心前移并下压，同时右
臂进一步向上伸展，直至右侧髂腰肌有中等强
度的拉伸感。保持 20~30 秒后，换另一侧进行
该动作。

# 弹力带拉伸梨状肌训练

**1**

**2**

－ 其他角度 －

## － 训练目的 －

促进恢复梨状肌的弹性及初始肌肉长度。

## － 注意事项 －

拉伸过程中避免髋部旋转或倾斜。

## － 训练步骤 －

**1** 身体呈跪坐姿势，左腿屈髋、屈膝置于体前，大腿和臀部抬离地面，右腿向后自然伸直，双臂伸直支撑于左腿前方的地面。将弹力带的一端固定在身体左侧约与髋关节同高处（或由辅助者握住），另一端绕过左腿大腿根部，使弹力带具有一定张力。

**2** 躯干前倾下压，直至左侧梨状肌有中等强度的拉伸感。保持 20~30 秒后，换另一侧进行该动作。

## ◢ 动态灵活性训练

# 仰卧动态屈髋训练

**1**

**2**

**3**

### － 训练目的 －

增强髋关节的动态灵活性。

### － 注意事项 －

动作过程中保持头部、肩部及双臂稳定且紧贴地面。

### － 训练步骤 －

**1** 身体呈仰卧姿势，双臂伸直平放于身体两侧，左腿屈膝，右腿伸直且紧贴地面。

**2** 保持躯干和左腿姿势不变,右腿与髋部微微上抬。

**3** 右腿保持伸直且快速向头部上抬至最大限度，同时快速顶髋至躯干与左腿呈一条直线。缓慢恢复右腿与髋部微微抬离地面的姿势，重复规定次数后，换另一侧进行该动作。

# 俯卧动态伸髋训练

**1**

**2**

**3**

---

**－ 训练目的 －**

增强髋关节的动态灵活性。

**－ 注意事项 －**

动作过程中保持头部、躯干及双臂稳定且紧贴地面。

**－ 训练步骤 －**

**1** 身体呈俯卧姿势，双腿伸直并拢，双臂侧平举。

**2** 保持上身稳定，左腿主动上抬至最大限度，腹部离开地面。

**3** 左腿慢慢放下至微微离开地面，腹部接触地面。左腿重复上抬规定次数后，恢复至起始姿势，换另一侧进行该动作。

# 仰卧动态髋关节内收和外展训练

**– 训练目的 –**

增强髋关节的动态灵活性。

**– 注意事项 –**

动作过程中保持双腿伸直。

**– 训练步骤 –**

1 身体呈仰卧姿势，双臂侧平举，双腿伸直并拢。

2 保持躯干和左腿姿势不变，右腿主动上抬至垂直于地面（屈髋 90 度），保持 1~2 秒。

3 保持头部、肩部及双臂稳定且紧贴地面，右腿保持屈髋 90 度并向左侧旋转至右脚触地，保持 1~2 秒。

4 保持头部、肩部及双臂稳定且紧贴地面，右腿保持屈髋 90 度并向右侧旋转至右脚触地，保持 1~2 秒。右腿重复向两侧旋转至规定次数后，恢复至起始姿势，换另一侧进行该动作。

# 俯卧动态髋关节内旋和外旋训练

**1**

**2**

**3**

**4**

## – 训练目的 –

增强髋关节的动态灵活性。

## – 注意事项 –

动作过程中保持头部、肩部及双臂稳定，避免过度用力。

## – 训练步骤 –

**1** 身体呈俯卧姿势，双臂侧平举，双腿伸直并拢。

**2** 保持左腿伸直固定，右腿屈膝并向左侧转动至右脚触地，保持 1~2 秒。

**3** 右腿向右侧旋转，恢复至起始姿势。

**4** 保持右腿伸直固定，左腿屈膝并向右侧转动至左脚触地，保持 1~2 秒。恢复至起始姿势，重复规定次数。

# 3.2.4 核心稳定性训练

人体绝大多数的动作都不是依靠单一肌群就能完成的，通常是由全身多个环节、多块肌肉以运动链的形式共同参与，在大脑的集成控制下形成完整的动作模式。核心肌群几乎在所有人体的功能性动作模式中都发挥着重要作用。核心区域是运动链上的重要环节，在运动中需不断调整核心肌肉的张力，保持脊柱的稳定，维持正确的身体姿态，并使运动链一端形成的力量向另一端进行动态传递。在整个过程中坚实、稳固的核心不仅能够减少能量损失和提升运动链效率，同时还可以有效防止运动损伤。

因此，预防踝关节损伤和强化踝关节功能，需要提高核心的稳定性。如果核心不稳，在跑步、跳跃、变向时会增加落地瞬间作用于踝关节的压力。核心稳定性训练是踝关节功能强化的重要部分，可以先从无器械静态支撑练习开始，逐渐加入无器械动态练习和弹力带、瑞士球等辅助器械练习，不断提高练习的难度和强度，从而达到更好的锻炼效果。

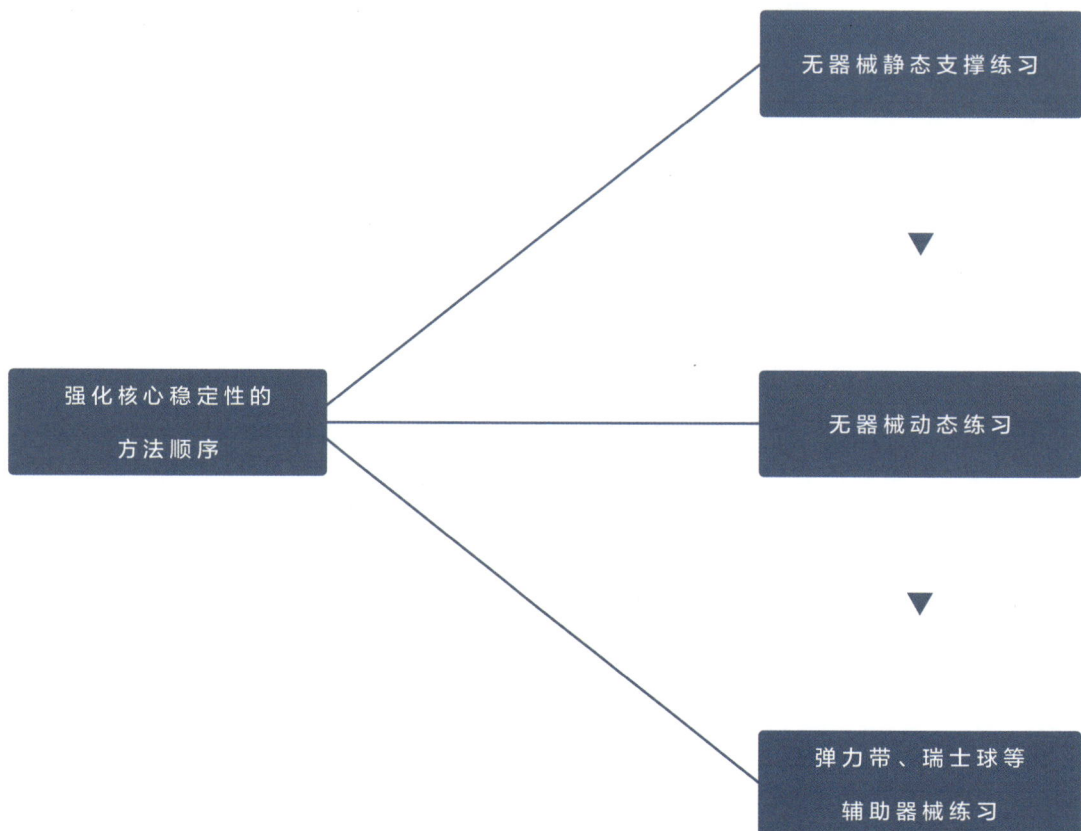

```
                                          ┌──────────────────┐
                                          │  无器械静态支撑练习  │
                                          └──────────────────┘
                                                   ▼
┌──────────────┐                          ┌──────────────────┐
│ 强化核心稳定性的 │──────────────────────────│   无器械动态练习    │
│   方法顺序     │                          └──────────────────┘
└──────────────┘                                   ▼
                                          ┌──────────────────┐
                                          │ 弹力带、瑞士球等    │
                                          │   辅助器械练习      │
                                          └──────────────────┘
```

**无器械训练**

# 静态平板支撑训练

### — 训练目的 —

激活并强化核心肌群，增强核心稳定性。

### — 注意事项 —

动作过程中保持核心收紧，避免塌腰、耸肩。

### — 训练步骤 —

身体呈俯撑姿势，双臂于肩关节正下方屈肘，前臂和双脚脚尖支撑，从头部到脚踝呈一条直线。保持身体稳定至规定时间。

# 静态侧向平板支撑训练

- **训练目的** -

激活并强化躯干侧向肌群，增强核心稳定性。

- **注意事项** -

动作过程中保持身体稳定，避免腰部下沉。

- **训练步骤** -

**1** 身体呈右侧卧姿势，左手扶腰，右臂于肩关节正下方屈肘支撑，上半身抬起，双腿伸直并拢叠放，右腿完全贴地。

**2** 保持背部挺直，核心收紧，髋部向上顶起至头部到脚踝呈一条直线，右脚侧面支撑。保持身体稳定至规定时间后，换另一侧进行该动作。

# 静态仰卧挺髋训练

- 训练目的 -

激活并强化躯干后侧肌群，增强核心稳定性。

- 注意事项 -

动作过程中避免双腿向外打开。

- 训练步骤 -

身体呈仰卧姿势，双腿屈膝，脚尖勾起，脚跟着地，双手放在身体两侧，自然摆放。核心收紧，髋部向上顶起至躯干与大腿呈一条直线。保持身体稳定至规定时间。

# 静态自身对抗训练

**－ 变式动作 －**

通过两侧上下肢同时分别进行对侧静态对抗和伸展，增大动作控制与肌群协调配合的难度。

**－ 训练目的 －**

激活并强化核心肌群，增强核心稳定性。

**－ 注意事项 －**

动作过程中保持身体稳定，避免头部用力伸够。

**－ 训练步骤 －**

身体呈仰卧姿势，双腿屈膝向上抬起，髋关节与膝关节均呈90度角，头部和肩部向上抬起，双臂伸直前伸，双手握住双膝，保持核心收紧。双臂向后发力推动双膝，使双腿具有向后运动的趋势，同时双腿发力对抗双臂呈向前运动的趋势，使双腿姿势保持不变。保持双臂与双腿静态对抗姿势至规定时间。

# 静态俯卧超人训练

## – 训练目的 –

激活并强化背部肌群，
增强核心稳定性。

## – 注意事项 –

动作过程中双臂和双腿
尽量向远方伸展。

## – 训练步骤 –

身体呈俯卧姿势，双臂于头部两侧向前伸
直。保持躯干和髋部紧贴地面，头部、肩部、
双臂和双腿向上抬起。保持身体稳定至规
定时间。

# 动态平板支撑训练

**1**

**2**

**3**

| - 训练目的 - | - 训练步骤 - |
|---|---|
| 激活并强化核心肌群，增强核心稳定性。 | **1** 身体呈俯撑姿势，双臂于肩关节正下方屈肘，双脚并拢，前臂和双脚脚尖支撑，从头部到脚踝呈一条直线。 |
| **- 注意事项 -** | **2** 核心收紧，左脚向左移动一步，保持 1~2 秒。 |
| 动作过程中保持背部平直，避免塌腰、耸肩。 | **3** 核心收紧，右脚向右移动一步，保持 1~2 秒。恢复至起始姿势，重复规定次数。 |

# 动态侧向平板支撑训练

**1**

**2**

## – 训练目的 –

激活并强化躯干侧向肌群，增强核心稳定性。

## – 注意事项 –

动作过程中保持从头部到脚踝在同一平面内，避免髋部触地。

## – 训练步骤 –

**1** 身体呈右侧卧姿势，左手扶腰，右臂于肩关节正下方屈肘支撑，双腿伸直并拢叠放，髋部向上顶起至最大限度，保持1~2秒。

**2** 保持背部挺直，核心收紧，髋部有控制地下落至即将触地，保持1~2秒。恢复至起始姿势，重复规定次数后，换另一侧进行该动作。

# 动态仰卧肢体伸展训练 1

**1**

**2**

**3**

**4**

## － 训练目的 －

强化核心稳定性，提升对侧肌肉链协同工作的能力。

## － 注意事项 －

动作过程中保持身体稳定，双臂伸直，双腿不触地。

## － 训练步骤 －

**1** 身体呈仰卧姿势，双臂于头部两侧向后伸直，双腿伸直且微微抬离地面。

**2** 保持左臂和右腿姿势不变，右臂向前伸直划动至体侧，同时左腿屈髋、屈膝向上抬起至髋关节和膝关节均约呈 90 度角，保持 1~2 秒。

**3** 右臂向后伸直过头顶，左腿伸直。恢复至起始姿势。

**4** 保持右臂和左腿姿势不变，左臂向前伸直划动至体侧，右腿屈髋、屈膝向上抬起至髋关节和膝关节均约呈 90 度角，保持 1~2 秒。两侧交替，重复规定次数。

# 动态仰卧肢体伸展训练 2

**1**

**2**

**3**

**4**

## － 训练目的 －

强化核心稳定性，提升
对侧肌肉链协同工作的
能力。

## － 注意事项 －

动作过程中保持身体稳
定，动作协调、连贯。

## － 训练步骤 －

**1** 身体呈仰卧姿势，双臂于头部两侧向后
伸直，双腿伸直且微微抬离地面。

**2** 保持左臂和右腿姿势不变，右臂向前伸
直划动至体侧，同时左腿屈髋、屈膝向
上抬起至髋关节和膝关节均约呈 90 度
角，保持 1~2 秒。

**3**
**4** 右臂向后伸直过头顶，左腿伸直，同时，
左臂向前伸直划动至体侧，右腿屈髋、
屈膝向上抬起至髋关节和膝关节均约呈
90 度角，保持 1~2 秒。两侧交替，重
复规定次数。

# 动态四点支撑肢体伸展训练

**1**

**2**

**3**

---

**– 训练目的 –**

强化核心稳定性，提升
对侧肌肉链协同工作的
能力。

**– 注意事项 –**

动作过程中保持背部挺
直、身体稳定，避免髋
部旋转。

**– 训练步骤 –**

**1** 身体呈俯撑跪姿，双臂于肩关节正下方伸直，双
膝于髋关节正下方跪地。髋关节和膝关节均呈
90 度角。躯干挺直，核心收紧。

**2** 保持左臂和右腿姿势不变，左腿向前屈髋，同时
右手向后触摸左膝，保持 1~2 秒。

**3** 继续保持左臂和右腿姿势不变，左腿向后伸直至
与地面平行，同时右臂向前伸直至与地面平行，
保持 1~2 秒。重复触摸、上抬过程规定次数后，
换另一侧进行该动作。

## 弹力带辅助训练

# 弹力带静态跪姿抗屈曲训练

### – 训练目的 –

强化躯干伸展肌群，增强抗屈曲能力。

### – 注意事项 –

动作过程中保持身体朝向正前方，避免躯干前倾。

### – 训练步骤 –

身体呈跪姿（可在膝关节下方放置一个平衡垫），头部、躯干和大腿呈一条直线，双手叉腰。将弹力带的一端固定在身体正前方约与胸部同高处（或由辅助者握住），另一端从背部（位置在胸部下方）绕过，使弹力带具有一定张力。身体与弹力带向前的阻力静态对抗，保持身体稳定至规定时间。

# 弹力带静态跪姿抗伸展训练

## - 训练目的 -

强化躯干屈曲肌群，增强抗伸展能力。

## - 注意事项 -

动作过程中保持身体朝向正前方，避免躯干后仰。

## - 训练步骤 -

身体呈跪姿（可在膝关节下方放置一个平衡垫），头部、躯干和大腿呈一条直线，双手叉腰。将弹力带的一端固定在身体正后方约与胸部同高处（或由辅助者握住），另一端从胸部下方绕过，使弹力带具有一定张力。身体与弹力带向后的阻力静态对抗，保持身体稳定至规定时间。

# 弹力带静态跪姿抗侧屈训练

核心稳定性训练 ▼ 弹力带辅助训练

## － 训练目的 －

强化躯干侧向肌群，增强抗侧屈能力。

## － 注意事项 －

动作过程中保持身体朝向正前方，避免躯干侧倾。

## － 训练步骤 －

身体呈跪姿（可在膝关节下方放置一个平衡垫），头部、躯干和大腿呈一条直线，双手叉腰。将弹力带的一端固定在身体左侧约与胸部同高处（或由辅助者握住），另一端从胸部下方绕过，使弹力带具有一定张力。身体与弹力带向左的阻力静态对抗，保持身体稳定至规定时间。然后，换另一侧进行该动作。

# 弹力带静态跪姿抗旋转训练

### - 训练目的 -

强化核心肌群，增强抗旋转能力。

### - 注意事项 -

动作过程中保持身体朝向正前方，避免躯干旋转。

### - 训练步骤 -

身体呈跪姿（可在膝关节下方放置一个平衡垫），头部、躯干和大腿呈一条直线，双手叉腰。将弹力带的一端固定在身体正后方约与胸部同高处（或由辅助者握住），另一端套在右肩处（从右肩上方和下方斜向穿过，经体前绕至左侧腋下和腰部），使弹力带具有一定张力。身体与弹力带向左的旋转阻力静态对抗，保持身体稳定至规定时间。然后，换另一侧进行该动作。

# 弹力带动态跪姿水平推训练

**1**

**2**

## — 训练目的 —

强化核心肌群，增强核心稳定性。

## — 注意事项 —

缓慢、有控制地完成动作，同时保持身体朝向正前方。

## — 训练步骤 —

**1** 身体呈跪姿（可在膝关节下方放置一个平衡垫），头部、躯干和大腿呈一条直线。将弹力带的一端固定在身体左侧约与胸部同高处（或由辅助者握住），双臂屈肘向前并用双手于胸前握住弹力带的另一端，使弹力带具有一定张力。

**2** 保持身体稳定，双手向前推弹力带，直至双臂完全伸直且与地面平行，保持 1~2 秒。恢复至起始姿势，重复规定次数。

# 弹力带动态跪姿对角线斜上拉训练

**1**

**2**

**– 训练目的 –**

强化核心肌群，增强核心稳定性。

**– 注意事项 –**

缓慢、有控制地完成动作，同时保持身体朝向正前方，双臂伸直。

**– 训练步骤 –**

**1** 身体呈跪姿（可在膝关节下方放置一个平衡垫），头部、躯干和大腿呈一条直线。将弹力带的一端固定在身体左侧低处（或由辅助者握住），双臂伸直并用双手于左侧髋部前方握住弹力带的另一端，使弹力带具有一定张力。

**2** 保持身体稳定，双手沿对角线向右上方拉弹力带，直至双手位置超过头顶，保持 1~2 秒。恢复至起始姿势，重复规定次数后，换另一侧进行该动作。

# 弹力带动态跪姿对角线斜下拉训练

**1**

**2**

## － 训练目的 －

强化核心肌群，增强核心稳定性。

## － 注意事项 －

缓慢、有控制地完成动作，同时保持身体朝向正前方，双臂伸直。

## － 训练步骤 －

**1** 身体呈跪姿（可在膝关节下方放置一个平衡垫），头部、躯干和大腿呈一条直线。将弹力带的一端固定在身体左侧的高处（或由辅助者握住），双臂于头顶左上方伸直并用双手握住弹力带的另一端，使弹力带具有一定张力。

**2** 保持身体稳定，双手沿对角线向右下方拉弹力带，直至双手位于右侧髋部前方，保持 1~2 秒。恢复至起始姿势，重复规定次数后，换另一侧进行该动作。

# 弹力带动态跪姿水平拉训练

**1**

**2**

## — 训练目的 —

强化核心肌群，增强核心稳定性。

## — 注意事项 —

缓慢、有控制地完成动作，同时保持髋部朝向正前方，双臂伸直。

## — 训练步骤 —

**1** 身体呈跪姿（可在膝关节下方放置一个平衡垫），头部、躯干和大腿呈一条直线。将弹力带的一端固定在身体左侧约与肩部同高处（或由辅助者握住），上半身向左侧扭转，双臂前平举并用双手于胸部正前方握住弹力带的另一端，使弹力带具有一定张力。

**2** 保持身体稳定，双手向右侧水平拉弹力带至最大限度，保持 1~2 秒。恢复至起始姿势，重复规定次数后，换另一侧进行该动作。

# 3.2.5 下肢稳定性训练

　　下肢稳定性是指踝关节、膝关节和髋关节在完成动作过程中很好地控制各自位置、维持良好的下肢运动力线，以及有效对抗外界干扰并保持动作质量的能力。

　　在下肢稳定性的功能锻炼中，我们需要首先针对臀中肌进行训练。臀中肌向心收缩的主要功能是外展髋关节，并参与髋关节的外旋和伸展；离心收缩的主要功能是维持骨盆的稳定和平衡。因此，臀中肌对于维持骨盆的稳定、踝关节的稳定具有主要作用，是帮助人体在站立、行走和跑动等运动中保持良好身体姿势的重要肌肉。如果臀中肌功能不佳，运动时下肢稳定性会很差，产生代偿动作，可能造成股骨过度内收、内转，使下肢力线产生异常，造成髌骨摩擦到股骨的外侧髁，产生各种踝关节的慢性疼痛和损伤。

　　臀中肌的功能得到强化以后，需要通过一些运动控制练习去锻炼下肢主要关节的本体感觉控制以及相互之间的协调配合。为了进一步强化稳定功能，可以采用单侧训练、不稳定支撑训练和抗干扰训练等方法。

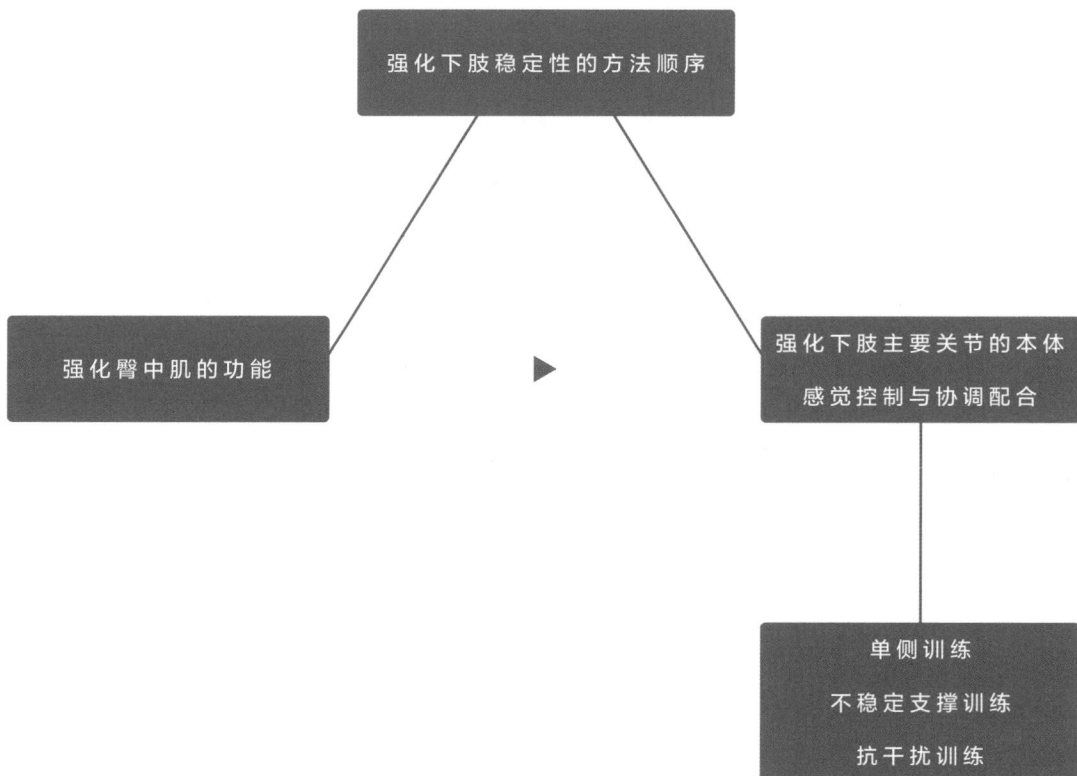

```
           ┌─────────────────────┐
           │ 强化下肢稳定性的方法顺序 │
           └─────────────────────┘
          ╱                        ╲
┌──────────────────┐  ▶   ┌──────────────────────┐
│  强化臀中肌的功能   │      │ 强化下肢主要关节的本体  │
└──────────────────┘      │  感觉控制与协调配合     │
                          └──────────────────────┘
                                      │
                          ┌──────────────────────┐
                          │       单侧训练         │
                          │    不稳定支撑训练       │
                          │      抗干扰训练         │
                          └──────────────────────┘
```

## 迷你带辅助训练

# 迷你带蚌式训练

**1**

**2**

### － 训练目的 －

激活并强化髋外展肌群，提高骨盆稳定性。

### － 注意事项 －

动作过程中避免髋部翻转，有控制地完成动作。

### － 训练步骤 －

**1** 身体呈右侧卧姿势，右臂屈肘支撑，左手叉腰，抬起上半身，双腿屈曲并拢叠放，右腿完全贴地。将迷你带套在双腿大腿上靠近膝关节的位置。

**2** 保持双脚并拢，右腿完全贴地，左腿外旋，使膝关节向上打开至最大限度，保持 1~2 秒。恢复至起始姿势，重复规定次数后，换另一侧进行该动作。

# 迷你带站姿单腿外展训练

**1**

**2**

## – 训练目的 –

激活并强化髋外展肌群，提高骨盆稳定性。

## – 注意事项 –

动作过程中保持躯干挺直且稳定，双腿膝关节、双脚脚尖及髋部朝向正前方。

## – 训练步骤 –

**1** 身体呈站姿，双脚分开与肩同宽或略大于肩宽，双手叉腰，屈髋、屈膝浅蹲，双膝和双脚脚尖均指向正前方。将迷你带套在双腿大腿上靠近膝关节的位置。

**2** 保持双脚位置不变，右腿外旋，使膝关节向外打开至最大限度，保持1~2秒。恢复至起始姿势，重复规定次数后，换另一侧进行该动作。

# 迷你带站姿双腿外展训练

**1**

**2**

- 训练目的 -

激活并强化髋外展肌群，提高骨盆稳定性。

- 注意事项 -

动作过程中保持躯干挺直且稳定，双腿膝关节、双脚脚尖及髋部朝向正前方。

- 训练步骤 -

**1** 身体呈站姿，双脚分开与肩同宽或略大于肩宽，双手叉腰，屈髋、屈膝浅蹲，双膝和双脚脚尖均指向正前方。将迷你带套在双腿大腿上靠近膝关节的位置。

**2** 保持双脚位置不变，双腿同时外旋，使膝关节向外打开至最大限度，保持 1~2 秒。恢复至起始姿势，重复规定次数。

# 迷你带侧向行走训练

**1**　　　　　**2**　　　　　**3**

## － 训练目的 －

激活并强化髋外展肌群，提高骨盆稳定性。

## － 注意事项 －

动作过程中保持躯干挺直且稳定，双腿膝关节、双脚脚尖及髋部朝向正前方。

## － 训练步骤 －

**1**　身体呈站姿，双脚分开与肩同宽或略大于肩宽，双手叉腰，屈髋、屈膝浅蹲，双膝和双脚脚尖均指向正前方。将迷你带套在双脚踝关节的位置。

**2**
**3**　左腿向左迈一步，随后右脚向左迈一步。双脚交替向左行走至规定的距离或时间后，反方向进行该动作（向右侧行走）。

# 迷你带深蹲训练

**1**

**– 其他角度 –**

**2**

---

**– 训练目的 –**

激活并强化髋外展肌群，提高骨盆稳定性。

**– 注意事项 –**

动作过程中保持背部平直，两侧膝关节与脚尖方向一致。

**– 训练步骤 –**

**1** 身体呈站姿，双脚分开与肩同宽或略大于肩宽，双臂自然置于身体两侧，双膝和双脚脚尖均指向正前方或略微外旋。将迷你带套在双腿小腿上靠近膝关节的位置。

**2** 屈髋、屈膝下蹲至大腿平行于地面，同时双臂前平举，保持 1~2 秒。恢复至起始姿势，重复规定次数。

## 无器械训练

# 单腿站立训练

– 变式动作 –

通过双臂交叉抱于胸前增大动作控制难度。

– 训练目的 –

强化下肢稳定性，增强本体感觉和动作控制能力。

– 注意事项 –

动作过程中保持身体姿势稳定不变形。

– 训练步骤 –

身体呈站姿，双脚并拢，双臂伸直向两侧平举。随后左腿上抬至髋关节与膝关节均呈 90 度角，右腿保持伸直支撑身体。保持身体稳定至规定时间后，换另一侧进行该动作。

# 闭眼单腿站立训练

**– 变式动作 –**

通过双臂交叉抱于胸前
增大动作控制难度。

## – 训练目的 –

强化下肢稳定性，增强本
体感觉和动作控制能力。

## – 注意事项 –

动作过程中保持身体姿
势稳定不变形。

## – 训练步骤 –

身体呈站姿，双脚并拢，双臂伸直向两侧平举，闭
上双眼。随后左腿上抬至髋关节与膝关节均呈 90
度角，右腿保持伸直支撑身体。保持身体稳定至规
定时间后，换另一侧进行该动作。

# 燕式平衡训练

**1**

**2**

## － 训练目的 －

增强下肢平衡性和稳定性。

## － 注意事项 －

动作过程中保持抬起的腿伸直，避免髋部翻转。

## － 训练步骤 －

**1** 身体呈站姿，双脚并拢，双臂伸直向两侧平举。

**2** 保持躯干挺直，俯身屈髋，左腿微屈支撑，右腿向后伸直抬起，直至躯干与右腿呈一条直线且与地面平行，保持 1~2秒。恢复至起始姿势，重复规定次数后，换另一侧进行该动作。

# 单腿俯身多点触摸训练

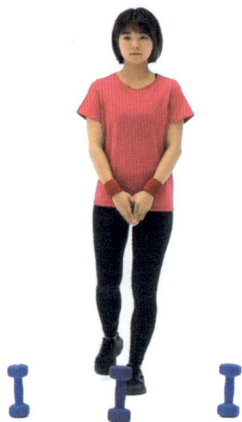

## － 训练目的 －

增强下肢平衡性和稳定性。

## － 注意事项 －

动作过程中保持抬起的腿伸直，避免髋部翻转。

## － 训练步骤 －

1　身体呈单腿站姿，双手于腹前相触。在身体正前方竖直摆放 3 个哑铃（或其他物体），间距 30~40 厘米。

2～4　保持躯干挺直，俯身屈髋，左腿微屈支撑，右腿向后伸直抬起，直至躯干与右腿呈一条直线且与地面平行，同时双臂伸直，双手伸够触摸中间的哑铃。恢复至起始姿势后，按照同样的动作顺序分别伸够触摸左侧和右侧的哑铃。重复上述过程规定次数后，换另一侧进行该动作。

# 站台阶单侧提髋训练

**1**

**2**

## − 训练目的 −

激活并强化臀部肌群，
提高骨盆稳定性。

## − 注意事项 −

动作过程中保持身体稳
定，髋部朝向正前方。

## − 训练步骤 −

**1** 双手扶腰，右脚单脚站立于跳箱（或台
阶）边缘，左脚悬空，左髋下沉。

**2** 右腿伸直，左髋上提，使两侧髋部水平
对齐，保持 1~2 秒。恢复至起始姿势，
重复规定次数后，换另一侧进行该动作。

## 平衡垫辅助训练

# 平衡垫单腿站立训练

---

### - 训练目的 -

强化下肢平衡性及稳定性，增强动作控制能力。

### - 注意事项 -

动作过程中保持身体姿势稳定不变形。

### - 训练步骤 -

**1** 身体呈站姿站于平衡垫上，双脚并拢，双臂交叉抱于胸前。

**2** 左腿上抬至髋关节与膝关节均呈 90 度角，右腿保持伸直支撑身体。保持身体稳定至规定时间后，换另一侧进行该动作。

# 平衡垫闭眼单腿站立训练

**1**

**2**
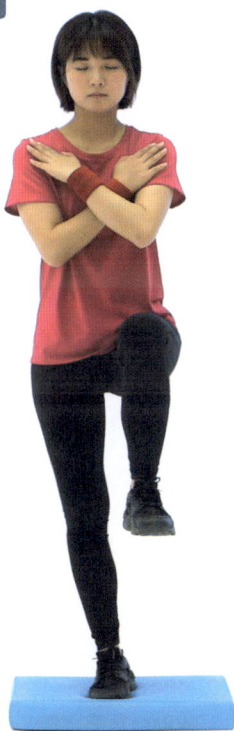

## － 训练目的 －

强化下肢平衡性及稳定性，增强动作控制能力。

## － 注意事项 －

动作过程中保持身体姿势稳定不变形。

## － 训练步骤 －

**1** 身体呈站姿站于平衡垫上，双脚并拢，双臂交叉抱于胸前，闭上双眼。

**2** 左腿上抬至髋关节与膝关节均呈 90 度角，右腿保持伸直支撑身体。保持身体稳定至规定时间后，换另一侧进行该动作。

# 平衡垫燕式平衡训练

1

2

- 训练目的 -

增强下肢平衡性和稳定性。

- 注意事项 -

动作过程中保持抬起的腿伸直，避免髋部向外翻转。

- 训练步骤 -

1　身体呈站姿站于平衡垫上，双脚并拢，双臂伸直向两侧平举。

2　保持躯干挺直，俯身屈髋，右腿微屈支撑，左腿向后伸直抬起，直至躯干与左腿呈一条直线且与地面平行，保持 1~2 秒。恢复至起始姿势，重复规定次数后，换另一侧进行该动作。

# 平衡垫单腿俯身多点触摸训练

下肢稳定性训练 ▼ 平衡垫辅助训练

## － 训练目的 －

增强下肢平衡性和稳定性。

## － 注意事项 －

动作过程中保持抬起的腿伸直，避免髋部向外翻转。

## － 训练步骤 －

**1** 身体呈站姿站于平衡垫上，双臂自然置于身体两侧。在身体正前方竖直摆放 3 个锥桶（或其他物体），间距 30~40 厘米。

**2 ~ 4** 保持躯干挺直，俯身屈髋，左腿微屈支撑，右腿向后伸直抬起，直至躯干与右腿呈一条直线且与地面平行，同时双臂伸直，双手伸够触摸中间的锥桶。恢复至起始姿势后，按照同样的动作顺序分别伸够触摸左侧和右侧的锥桶。重复上述过程规定次数后，换另一侧进行该动作。

# 平衡垫背杆单腿平衡训练

**1**

**2**

- 训练目的 -

增强下肢平衡性和稳定性。

- 注意事项 -

动作过程中保持长杆紧贴颈部后侧,避免髋部向外翻转。

- 训练步骤 -

**1** 身体呈站姿站于平衡垫上,双脚并拢,双臂向上屈肘,双手于身体两侧握住紧贴颈部后侧的长杆,掌心向前。

**2** 保持躯干挺直,俯身屈髋,右腿微屈支撑,左腿向后伸展抬起,直至躯干与左腿呈一条直线且约与地面平行,保持 1~2 秒。恢复至起始姿势,重复规定次数后,换另一侧进行该动作。

# 平衡垫背杆单腿平衡躯干旋转训练

## － 训练目的 －

增强下肢平衡
性和稳定性。

## － 注意事项 －

动作过程中保
持长杆紧贴颈
部后侧。

## － 训练步骤 －

1 身体呈站姿站于平衡垫上，双脚并拢，双臂向上
屈肘，双手于身体两侧握住紧贴颈部后侧的长杆，
掌心向前。

2 保持躯干挺直，俯身屈髋，左腿微屈支撑，右腿
向后伸展抬起，直至躯干与左腿呈一条直线且约
与地面平行，保持 1~2 秒。

3
\~
4 尽量保持双腿姿势稳定不动，躯干及上肢先缓慢
向左侧旋转至最大限度，保持 1~2 秒，然后向
右侧旋转至最大限度，保持 1~2 秒。恢复至起
始姿势，重复规定次数后，换另一侧进行该动作。

# 平衡垫站台阶单侧提髋训练

**1**

**2**

### - 训练目的 -

激活并强化臀部肌群，
提高骨盆稳定性。

### - 注意事项 -

动作过程中保持身体稳
定，髋部朝向正前方。

### - 训练步骤 -

**1** 将一个平衡垫置于跳箱（或台阶）上，右脚单
脚站立于跳箱边缘的平衡垫上，左脚悬空，左
髋下沉，双手扶腰。

**2** 右腿伸直，左髋上提，使两侧髋部水平对齐，
保持 1~2 秒。恢复至起始姿势，重复规定次数后，
换另一侧进行该动作。

## 泡沫轴辅助训练

# 双脚站半泡沫轴下蹲训练

**1**

**2**

### — 训练目的 —

增强下肢平衡性和稳定性。

### — 注意事项 —

动作过程中保持躯干挺直，膝关节与脚尖方向一致。

### — 训练步骤 —

**1** 身体呈站姿，双脚分开站立于半泡沫轴（曲面朝上，长边与双脚连线平行）上，双臂前平举。

**2** 保持背部挺直，核心收紧，双臂前平举，同时屈髋、屈膝下蹲至臀部低于膝关节高度，保持 1~2 秒。恢复至起始姿势，重复规定次数。

# 双脚站半泡沫轴（反向）下蹲训练

**1**

**2**

### － 训练目的 －

增强下肢平衡性和稳定性。

### － 注意事项 －

动作过程中保持躯干挺直，膝关节与脚尖方向一致。

### － 训练步骤 －

1　身体呈站姿，双脚分开站立于半泡沫轴（曲面朝下，长边与双脚连线平行）上，双臂前平举。

2　保持背部挺直，核心收紧，双臂前平举，同时屈髋、屈膝下蹲至臀部低于膝关节高度，保持 1~2 秒。恢复至起始姿势，重复规定次数。

# 单脚站半泡沫轴稳定控制训练

下肢稳定性训练 ▼ 泡沫轴辅助训练

## － 训练目的 －

增强下肢平衡性和稳定性。

## － 注意事项 －

动作过程中保持躯干挺直，避免髋部旋转或倾斜。

## － 训练步骤 －

身体呈单腿站姿，右腿伸直且右脚站立于半泡沫轴（曲面朝上，长边与脚掌平行）上，左腿上抬至髋关节与膝关节均呈90度角，双臂侧平举，双手掌心向下。保持身体稳定至规定时间后，换另一侧进行该动作。

# 单脚站半泡沫轴（反向）稳定控制训练

## – 训练目的 –

增强下肢平衡性和稳定性。

## – 注意事项 –

动作过程中保持躯干挺直，避免髋部旋转或倾斜。

## – 训练步骤 –

身体呈单腿站姿，右腿伸直且右脚站立于半泡沫轴（曲面朝下，长边与脚掌平行）上，左腿上抬至髋关节与膝关节均呈 90 度角，双臂侧平举，双手掌心向下。保持身体稳定至规定时间后，换另一侧进行该动作。

# 单脚横向站半泡沫轴稳定控制训练

**– 训练目的 –**

增强下肢平衡性和稳定性。

**– 注意事项 –**

动作过程中保持躯干挺直，避免髋部旋转或倾斜。

**– 训练步骤 –**

身体呈单腿站姿，右腿伸直且右脚站立于半泡沫轴（曲面朝上，长边与脚掌垂直）上，左腿上抬至髋关节与膝关节均呈90度角，双臂侧平举，双手掌心向下。保持身体稳定至规定时间后，换另一侧进行该动作。

# 单脚横向站半泡沫轴（反向）稳定控制训练

## － 训练目的 －

增强下肢平衡性和稳
定性。

## － 注意事项 －

动作过程中保持躯干
挺直，避免髋部旋转
或倾斜。

## － 训练步骤 －

身体呈单腿站姿，右腿伸直且右脚站立于半泡沫轴
（曲面朝下，长边与脚掌垂直）上，左腿上抬至髋
关节与膝关节均呈 90 度角，双臂侧平举，双手掌
心向下。保持身体稳定至规定时间后，换另一侧进
行该动作。

# 单脚站半泡沫轴四点触地训练

下肢稳定性训练 ▼ 泡沫轴辅助训练

## － 训练目的 －

增强下肢平衡性和稳定性。

## － 注意事项 －

动作过程中保持支撑腿微屈，避免髋部旋转或倾斜。

## － 训练步骤 －

**1** 身体呈单腿站姿，左脚站立于半泡沫轴（曲面朝上，长边与脚掌平行）上，双臂侧平举，双手掌心向下。然后保持左腿微屈支撑，右腿向身体正前方伸直并用右脚伸够触地，保持 1~2 秒。

**2~4** 恢复至起始姿势后，按照同样的动作顺序，右脚分别向身体正后方、左前方和左后方伸够触地，并在触地后保持 1~2 秒。重复上述过程规定次数后，换另一侧进行该动作。

# 单脚站半泡沫轴（反向）四点触地训练

## － 训练目的 －

增强下肢平衡性和稳定性。

## － 注意事项 －

动作过程中保持支撑腿微屈，避免髋部旋转或倾斜。

## － 训练步骤 －

**1** 身体呈单腿站姿，左脚站立于半泡沫轴（曲面朝下，长边与脚掌平行）上，双臂侧平举，双手掌心向下。然后保持左腿微屈支撑，右腿向身体正前方伸直并用右脚伸够触地，保持 1~2 秒。

**2 ~ 4** 恢复至起始姿势后，按照同样的动作顺序，右脚分别向身体正后方、左前方和左后方伸够触地，并在触地后保持 1~2 秒。重复上述过程规定次数后，换另一侧进行该动作。

# 单脚横向站半泡沫轴四点触地训练

下肢稳定性训练 ▼ 泡沫轴辅助训练

## − 训练目的 −

增强下肢平衡性和
稳定性。

## − 注意事项 −

动作过程中保持支
撑腿微屈，避免髋
部旋转或倾斜。

## − 训练步骤 −

**1** 身体呈单腿站姿，左脚站立于半泡沫轴（曲
面朝上，长边与脚掌垂直）上，双臂侧平
举，双手掌心向下。然后保持左腿微屈支
撑，右腿向身体正前方伸直并用右脚伸够
触地，保持 1~2 秒。

**2**
**4** 恢复至起始姿势后，按照同样的动作顺序，
右脚分别向身体正后方、左前方和左后方
伸够触地，并在触地后保持 1~2 秒。重
复上述过程规定次数后，换另一侧进行该
动作。

# 单脚横向站半泡沫轴（反向）四点触地训练

- 训练目的 -

增强下肢平衡性和稳定性。

- 注意事项 -

动作过程中保持支撑腿微屈，避免髋部旋转或倾斜。

- 训练步骤 -

**1** 身体呈单腿站姿，左脚站立于半泡沫轴（曲面朝下，长边与脚掌垂直）上，双臂侧平举，双手掌心向下。然后保持左腿微屈支撑，右腿向身体正前方伸直并用右脚伸够触地，保持 1~2 秒。

**2~4** 恢复至起始姿势后，按照同样的动作顺序，右脚分别向身体正后方、左前方和左后方伸够触地，并在触地后保持 1~2 秒。重复上述过程规定次数后，换另一侧进行该动作。

# 站半泡沫轴弓步训练

**1**

**2**

## － 训练目的 －

增强下肢平衡性和稳定性。

## － 注意事项 －

动作过程中保持双腿膝关节与脚尖朝向正前方，且前侧膝关节位置不超过同侧脚尖。

## － 训练步骤 －

**1** 身体呈双腿前后开立姿势，左脚在前，全脚掌踩在半泡沫轴（曲面朝上，长边与脚掌平行）上，右脚在后，脚尖支撑在另一块半泡沫轴（曲面朝上，长边与脚掌平行）上，身体重心靠前，双手叉腰，目视前方。

**2** 保持背部挺直，核心收紧，屈髋、屈膝下蹲至左腿大腿与地面平行，右腿膝关节几乎触地，保持 1~2 秒。恢复至起始姿势，重复规定次数后，交换双腿前后位置进行该动作。

# 站半泡沫轴（反向）弓步训练

**1**

**2**

### − 训练目的 −

增强下肢平衡性和稳定性。

### − 注意事项 −

动作过程中保持双腿膝关节与脚尖朝向正前方，且前侧膝关节位置不超过同侧脚尖。

### − 训练步骤 −

**1** 身体呈双腿前后开立姿势，左脚在前，全脚掌踩在半泡沫轴（曲面朝下，长边与脚掌平行）上，右脚在后，脚尖支撑在另一块半泡沫轴（曲面朝下，长边与脚掌平行）上，身体重心靠前，双手叉腰，目视前方。

**2** 保持背部挺直，核心收紧，屈髋、屈膝下蹲至左腿大腿与地面平行，右腿膝关节几乎触地，保持1~2秒。恢复至起始姿势，重复规定次数后，交换双腿前后位置进行该动作。

# 站半泡沫轴单腿硬拉训练

**1**

**2**

– 变式动作 –

横向站半泡沫轴单腿硬拉训练

## – 训练目的 –

增强下肢平衡性和稳定性。

## – 注意事项 –

动作过程中保持躯干与抬起的腿呈一条直线，避免髋部旋转。

## – 训练步骤 –

**1** 身体呈单腿站姿，左腿伸直且左脚站立于半泡沫轴（曲面朝上，长边与脚掌平行）上，右膝向后屈曲，双臂自然置于身体两侧。

**2** 向前屈髋俯身，同时双臂侧平举，左腿微屈支撑身体，右腿向后伸直上抬至与躯干呈一条直线且约与地面平行，保持1~2秒。恢复至起始姿势，重复规定次数后，换另一侧进行该动作。

# 站半泡沫轴（反向）单腿硬拉训练

– 变式动作 –

横向站半泡沫轴（反向）单腿硬拉训练

– 训练目的 –

增强下肢平衡性和稳定性。

– 注意事项 –

动作过程中保持躯干与抬起的腿呈一条直线，避免髋部旋转。

– 训练步骤 –

1 身体呈单腿站姿，左脚站立于半泡沫轴（曲面朝下，长边与脚掌平行）上，右膝向后屈曲，双臂自然置于身体两侧。

2 向前屈髋俯身，同时双臂侧平举，左腿微屈支撑身体，右腿向后伸直上抬至与躯干呈一条直线且约与地面平行，保持 1~2 秒。恢复至起始姿势，重复规定次数后，换另一侧进行该动作。

## 动态控制训练

# 双脚前后跳落地稳定训练

**1**

**2**

**3**

**– 训练目的 –**

促进下肢肌群协调配合,增强动作控制能力。

**– 注意事项 –**

动作过程中保持双脚并拢,髋部朝向正前方。

**– 训练步骤 –**

**1** 身体呈站姿,双脚并拢,双手叉腰。

**2** 双脚向前跳一步,落地后屈髋、屈膝缓冲,保持 1~2 秒。

**3** 双脚向后跳一步,落地后屈髋、屈膝缓冲,保持 1~2 秒。重复上述跳跃后落地稳定控制过程至规定时间或次数。

# 双脚左右跳落地稳定训练

**1**　　　　　　　　**2**　　　　　　　　　　　**3**

---

**- 训练目的 -**

促进下肢肌群协调配合，增强动作控制能力。

**- 注意事项 -**

动作过程中保持双脚并拢，髋部朝向正前方。

**- 训练步骤 -**

**1** 身体呈站姿，双脚并拢，双手叉腰。

**2** 双脚向左跳一步，落地后屈髋、屈膝缓冲，保持1~2秒。

**3** 双脚向右跳一步，落地后屈髋、屈膝缓冲，保持1~2秒。重复上述跳跃后落地稳定控制过程至规定时间或次数。

# 双脚转体90度跳落地稳定训练

## － 训练目的 －

促进下肢肌群协调配合，增强动作控制能力。

## － 注意事项 －

动作过程中保持双脚并拢，避免髋部倾斜或旋转。

## － 训练步骤 －

1　身体呈站姿，双脚并拢，双手叉腰。

2　双脚向上跳起，同时整个身体向左侧旋转90度，落地后屈髋、屈膝缓冲，保持1~2秒。

3　双脚向上跳起，同时整个身体向右侧旋转90度，落地后屈髋、屈膝缓冲，保持1~2秒。重复上述跳跃后落地稳定控制过程至规定时间或次数，然后换另一侧进行该动作。

# 单腿前后跳落地稳定训练

**1**

**2**

**3**

## - 训练目的 -

促进下肢肌群协调配合，增强动作控制能力。

## - 注意事项 -

动作过程中保持躯干挺直，髋部朝向正前方。

## - 训练步骤 -

**1** 身体呈单腿站姿，双手叉腰。

**2** 支撑脚向前跳一步，落地后屈髋、屈膝缓冲，保持 1~2 秒。

**3** 支撑脚向后跳一步，落地后屈髋、屈膝缓冲，保持 1~2 秒。重复上述跳跃后落地稳定控制过程至规定时间或次数，然后换另一侧进行该动作。

# 单腿左右跳落地稳定训练

1

2

3

## － 训练目的 －

促进下肢肌群协调配合，增强动作控制能力。

## － 注意事项 －

动作过程中保持躯干挺直，髋部朝向正前方。

## － 训练步骤 －

1 身体呈单腿站姿，双手叉腰。

2 支撑脚向左跳一步，落地后屈髋、屈膝缓冲，保持 1~2 秒。

3 支撑脚向右跳一步，落地后屈髋、屈膝缓冲，保持 1~2 秒。重复上述跳跃后落地稳定控制过程至规定时间或次数，然后换另一侧进行该动作。

# 单腿转体90度跳落地稳定训练

**1**

**2**

**3**

## － 训练目的 －

促进下肢肌群协调配合，增强动作控制能力。

## － 注意事项 －

动作过程中保持躯干挺直，避免髋部倾斜或扭转。

## － 训练步骤 －

**1** 身体呈单腿站姿，双手叉腰。

**2** 支撑脚向上跳起，同时整个身体向左侧旋转90度，落地后屈髋、屈膝缓冲，保持1~2秒。

**3** 支撑脚向上跳起，同时整个身体向右侧旋转90度，落地后屈髋、屈膝缓冲，保持1~2秒。重复上述跳跃后落地稳定控制过程至规定时间或次数，然后换另一侧进行该动作。

## 3.2.6 下肢动作模式训练

基础动作模式是建立在人体三维平面上，按照一定的时间、空间和次序组合在一起的，具备某种功能的动作单元。高质量的动作模式需要关节具备良好的灵活性与稳定性。

下肢动作模式主要包括深蹲、髋关节铰链动作（直腿硬拉）、弓箭步、跳跃、落地缓冲等基础动作。这些动作本身就是负重力量训练的主要下肢练习动作，同时也是构成各种复杂运动的基础动作单元，例如网球运动在准备接球时就是下蹲的动作，在跑动中和变向中会出现类似弓箭步的动作，而发球动作又接近于跳跃和落地缓冲动作。因此，如果需要更好地提高这些运动中的动作质量，降低不良动作带来的损伤风险，那么就应该首先对这些基本动作模式进行练习。

在动作模式的练习中，重点放在动作质量上，不要追求次数和负重。如果按照前面章节的练习已经获得相应环节的灵活性和稳定性，但仍然无法高质量完成基础动作模式，可以通过一些纠正性练习来改善动作质量，主要问题在本章节都给出相应的纠正性练习。

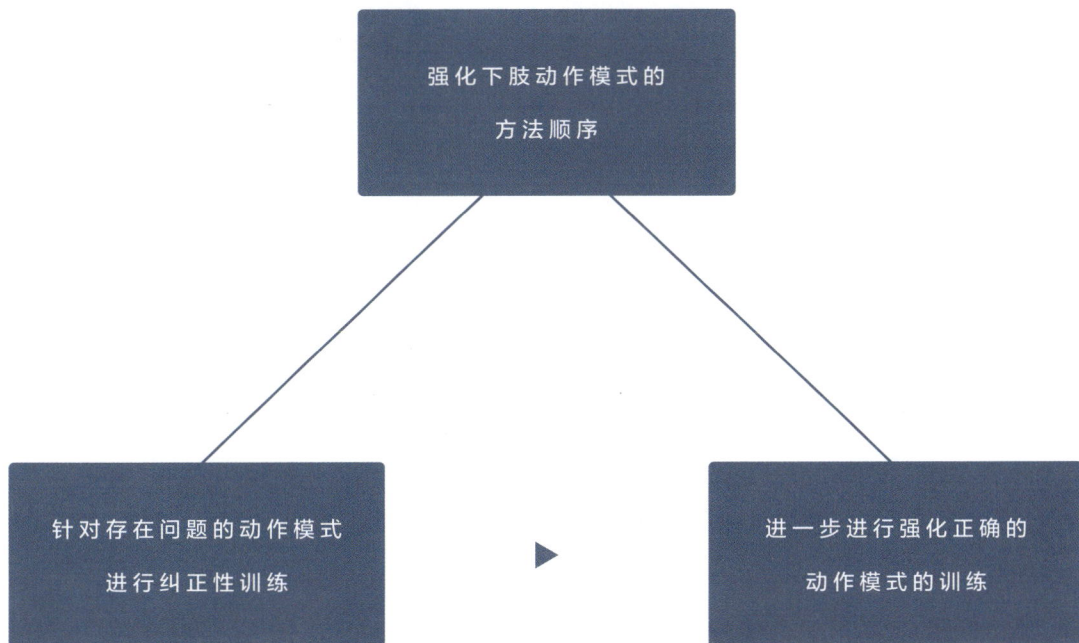

```
┌──────────────────────┐
│   强化下肢动作模式的    │
│      方法顺序          │
└──────────────────────┘

┌──────────────────────┐   ┌──────────────────────┐
│ 针对存在问题的动作模式  │ ▶ │   进一步进行强化正确的   │
│   进行纠正性训练        │   │    动作模式的训练        │
└──────────────────────┘   └──────────────────────┘
```

## 髋关节铰链动作模式训练

# 动态仰卧挺髋训练

**1**

**2**

---

### – 训练目的 –

激活并强化躯干后侧肌群，增强核心稳定性。

### – 注意事项 –

动作过程中避免双腿向外打开。

### – 训练步骤 –

**1** 身体呈仰卧姿势，双腿屈膝，脚尖勾起，脚跟着地，臀部微微抬离地面，双手自然摆放在身体两侧。

**2** 核心收紧，髋部向上顶起至躯干与大腿呈一条直线，保持 1~2 秒。恢复至起始姿势，重复规定次数。

# 髋关节铰链正确动作模式训练

### – 训练目的 –

发展髋关节铰链动作
模式。

### – 注意事项 –

动作过程中尽量保持双
腿小腿垂直于地面，避
免膝关节过度向前移动。

### – 训练步骤 –

**1** 身体呈站姿，双手叉腰，双脚分开与髋
同宽。

**2** 尽量保持双腿小腿垂直于地面，臀部发
力做髋部后顶动作，同时双膝微屈，躯
干前倾，重心降低，保持 1~2 秒。恢
复至起始姿势，重复规定次数。

# 站姿抬臂髋关节铰链训练

**1**

**2**

**– 训练目的 –**

发展髋关节铰链动作
模式。

**– 注意事项 –**

动作过程中尽量保持
双腿小腿垂直于地面，
避免膝关节过度向前
移动。

**– 训练步骤 –**

**1**  身体呈站姿，双脚分开与髋同宽，双手自然置于
身体两侧。

**2**  尽量保持双腿小腿垂直于地面，臀部发力做髋部
后顶动作，同时双膝微屈，躯干前倾，双臂伸直
上举至头部两侧且与躯干呈一条直线，保持 1~2
秒。恢复至起始姿势，重复规定次数。

# 髋关节铰链单腿动作模式训练

**1** **2**

- 训练目的 -

发展髋关节铰链动作
模式。

- 注意事项 -

动作过程中尽量保持支
撑腿小腿垂直于地面，
避免支撑腿膝关节过度
向前移动。

- 训练步骤 -

**1** 身体呈站姿，双手叉腰，双脚分开与髋
同宽。

**2** 向前屈髋俯身，同时右腿微屈支撑身体，
左腿向后伸直上抬至约与地面平行，保
持 1~2 秒。恢复至起始姿势，重复规
定次数后，换另一侧进行该动作。

## 深蹲动作模式训练

# 深蹲正确动作模式训练

**1**

– 其他角度 –

**2**

---

**– 训练目的 –**

发展深蹲动作模式。

**– 注意事项 –**

动作过程中保持背部挺直，膝关节与脚尖方向一致。

**– 训练步骤 –**

**1** 身体呈站姿，双脚分开与肩同宽或略大于肩宽，双臂自然置于身体两侧，脚尖朝向正前方或略微外旋。

**2** 保持背部挺直，核心收紧，双臂前平举，同时屈髋、屈膝下蹲至臀部略低于膝关节高度，保持1~2秒。恢复至起始姿势，重复规定次数。

# 深蹲动作中膝关节内扣纠正训练

**1**

**2**

## – 变式动作 –

如果下蹲时两侧膝关节均向内扣，可以在双腿膝关节处套一个迷你带，让双腿在下蹲的过程中有意识地向外对抗迷你带的阻力，使两侧膝关节与脚尖方向一致。

## – 训练目的 –

纠正单侧膝关节内扣的深蹲错误动作模式。

## – 注意事项 –

动作过程中保持背部挺直，膝关节与脚尖方向一致。

## – 训练步骤 –

**1** 身体呈站姿，双脚分开与肩同宽或略大于肩宽，双臂自然置于身体两侧，脚尖朝向正前方或略微外旋。将弹力带的两端固定在身体左侧约与膝关节同高处（假设下蹲时右腿内扣），中段从右侧膝关节外侧绕过，使弹力带具有一定张力。

**2** 保持背部挺直，核心收紧，双臂前平举，同时屈髋、屈膝下蹲至臀部略低于膝关节高度，保持 1~2 秒。下蹲时右腿应有意识地对抗弹力带向左的阻力，尽量使右腿膝关节与脚尖方向一致。恢复至起始姿势，重复规定次数。

# 深蹲动作中躯干过度前倾纠正训练

---

**– 训练目的 –**

纠正躯干过度前倾的深蹲错误动作模式。

**– 注意事项 –**

动作过程中保持背部挺直，膝关节与脚尖方向一致。

**– 训练步骤 –**

1　身体呈站姿，双脚分开与肩同宽或略大于肩宽，双臂自然置于身体两侧，脚尖朝向正前方或略微外旋。将弹力带的两端固定在身体正前方约与胸部同高处（或由辅助者握住），中段从背部绕过，使弹力带具有一定张力。

2　保持背部挺直，核心收紧，双臂前平举，同时屈髋、屈膝下蹲至臀部略低于膝关节高度，保持 1~2 秒。下蹲时躯干应有意识地对抗弹力带向前的阻力。恢复至起始姿势，重复规定次数。

# 深蹲动作中躯干侧倾纠正训练

下肢动作模式训练 ▼ 深蹲动作模式训练

## － 训练目的 －

纠正躯干侧倾的深蹲错误动作模式。

## － 注意事项 －

动作过程中保持膝关节与脚尖方向一致。

## － 训练步骤 －

**1** 身体呈站姿，双脚分开与肩同宽或略大于肩宽，双臂自然置于身体两侧，脚尖朝向正前方或略微外旋。将弹力带的两端固定在身体左侧（假设下蹲时躯干向左侧倾斜）约与胸部同高处（或由辅助者握住），中段从胸部下方绕过，使弹力带具有一定张力。

**2** 保持背部挺直，核心收紧，双臂前平举，同时屈髋、屈膝下蹲至臀部略低于膝关节高度，保持1~2秒。下蹲时躯干应有意识地对抗弹力带向左的阻力，尽量使躯干保持在中立的位置。恢复至起始姿势，重复规定次数。

## 弓箭步动作模式训练

# 弓箭步正确动作模式训练

**1**

**2**

－ 其他角度 －

－ 训练目的 －

发展弓箭步动作模式。

－ 注意事项 －

动作过程中保持后侧膝关节不触地，前侧膝关节位置不超过同侧脚尖。

－ 训练步骤 －

**1** 身体呈站姿，双脚并拢，双手叉腰。

**2** 保持躯干挺直，左脚向前迈步，同时屈髋、屈膝下蹲至左腿大腿与地面平行，右腿大腿与地面垂直，且双腿膝关节与脚尖朝向正前方，保持 1~2 秒。恢复至起始姿势，重复规定次数后，换另一侧进行该动作。

# 弓箭步动作中膝关节内扣纠正训练

## － 训练目的 －

纠正膝关节内扣的弓箭步错误动作模式。

## － 注意事项 －

动作过程中保持后侧膝关节不触地，前侧膝关节位置不超过脚尖。

## － 训练步骤 －

1　身体呈站姿，双手叉腰，左脚（假设下蹲时左腿膝关节内扣）向前迈步，双脚脚尖朝向正前方。将弹力带的一端固定在身体右侧约与膝关节同高处（或由辅助者握住），中段从左腿膝关节外侧绕过，使弹力带具有一定张力。

2　保持躯干挺直，屈髋、屈膝下蹲至左腿大腿与地面平行，右腿大腿与地面垂直，保持 1~2 秒。下蹲时左腿应有意识地对抗弹力带向右的阻力，尽量使左腿膝关节朝向正前方。恢复至起始姿势，重复规定次数。

下肢动作模式训练 ▼ 弓箭步动作模式训练

# 弓箭步动作中躯干前倾纠正训练

**– 训练目的 –**

纠正躯干前倾的弓箭步
错误动作模式。

**– 注意事项 –**

动作过程中保持后侧膝
关节不触地，前侧膝关
节位置不超过脚尖。

**– 训练步骤 –**

**1** 身体呈站姿，双手叉腰，双脚并拢且脚尖朝向正
前方。将弹力带的一端固定在身体正前方约与胸
部同高处（或由辅助者握住），中段从背部绕过，
使弹力带具有一定张力。

**2** 保持躯干挺直，屈髋、屈膝下蹲至左腿大腿与地
面平行，右腿大腿与地面垂直，且双腿膝关节与
脚尖朝向正前方，保持 1~2 秒。下蹲时躯干应
有意识地对抗弹力带向前的阻力，尽量使躯干保
持垂直于地面。恢复至起始姿势，重复规定次数
后，换另一侧进行该动作。

# 弓箭步动作中躯干侧倾纠正训练

## – 训练目的 –

纠正躯干侧倾的弓箭步错误动作模式。

## – 注意事项 –

动作过程中保持后侧膝关节不触地，前侧膝关节位置不超过脚尖。

## – 训练步骤 –

1　身体呈站姿，双手叉腰，双脚并拢且脚尖朝向正前方。将弹力带的一端固定在身体左侧（假设下蹲时躯干向左侧倾斜）约与胸部同高处（或由辅助者握住），中段从胸部下方绕过，使弹力带具有一定张力。

2　保持躯干挺直，左腿向前迈步，同时屈髋、屈膝下蹲至左腿大腿与地面平行，右腿大腿与地面垂直，且双腿膝关节与脚尖朝向正前方，保持1~2秒。下蹲时躯干应有意识地对抗弹力带向左的阻力，尽量使躯干保持在中立的位置。恢复至起始姿势，重复规定次数后，换另一侧进行该动作。

下肢动作模式训练 ▼ 弓箭步动作模式训练

## 落地缓冲动作模式训练

# 原地主动降低重心训练

**1**

**2**

- 训练目的 -

发展落地缓冲动作模式。

- 注意事项 -

动作过程中保持躯干
挺直，双脚位置固定
不动，膝关节与脚尖
朝向正前方。

- 训练步骤 -

**1** 身体呈站姿，双脚分开与肩同宽，双臂伸直向
上举过头顶。

**2** 迅速屈髋、屈膝下蹲，同时双臂快速下摆至身
体后侧，转换为落地缓冲姿势。保持 1~2 秒，
恢复至起始姿势，重复规定次数。

# 原地起跳落地缓冲训练

## － 训练目的 －

发展落地缓冲动作模式。

## － 注意事项 －

动作过程中保持躯干挺直，膝关节和脚尖朝向正前方。

## － 训练步骤 －

1. 身体呈站姿，双脚分开与肩同宽，双臂自然置于身体两侧。

2. 迅速屈髋、屈膝下蹲，同时双臂快速伸直后摆至身体后侧。

3. 双腿发力向上跳，同时双臂伸直上摆过头顶。

4. 双脚落地，屈髋、屈膝下蹲，同时双臂伸直下摆至身体后侧，呈落地缓冲姿势。

5. 保持 1~2 秒，恢复至起始姿势，重复规定次数。

# 落地缓冲动作中膝关节内扣纠正训练

### – 训练目的 –

纠正膝关节内扣的落地缓冲错误动作模式。

### – 注意事项 –

动作过程中保持躯干挺直，膝关节和脚尖朝向正前方。

### – 训练步骤 –

1. 身体呈站姿，双臂自然置于身体两侧。将迷你带套在双膝位置，双脚分开，使迷你带具有一定张力。

2. 迅速屈髋、屈膝下蹲，同时双臂快速伸直后摆至身体后侧。

3. 双腿发力向上跳，同时双臂伸直上摆过头顶。

4. 双脚落地，屈髋、屈膝下蹲，同时双臂伸直下摆至身体后侧，呈落地缓冲姿势。

5. 保持 1~2 秒，恢复至起始姿势，重复规定次数。

# 3.2.7 踝关节功能力量训练

踝关节功能力量训练是踝关节功能强化的最后一个关键步骤，也是使踝关节功能真正达到强大且能够应对各种实际需求的终极练习内容。虽然我们已经通过前文提供的方法顺序进行了灵活性、稳定性以及动作模式训练，但在实际生活中，双脚需要不断行走、奔跑、跳跃、上下楼梯，这时踝关节承受着持续的动作压力；在体育运动中，还需要进行快速变向、单腿支撑、落地缓冲等各种更加复杂的运动，此时踝关节承受的压力会成倍增加。因此，为了提高踝关节的抗疲劳、抗损伤能力，必须提高踝关节的功能力量。

功能力量是人体为了达到某种运动表现而需要的力量。踝关节功能力量训练其实就是在正确的动作模式上循序渐进地增加负荷——既要关注动作质量，又要加上相应的负荷（既可以是负重，也可以是重复次数或者动作难度）。考虑到本书主要针对存在踝关节功能障碍或慢性疼痛的人群，本节主要提供了利用自身体重，以及弹力带、哑铃和壶铃等小型器材进行的功能力量练习。这些练习易于操作，而且便于通过增加或减少重复次数和练习组数来调整负荷，从而满足不同人群的训练需求。

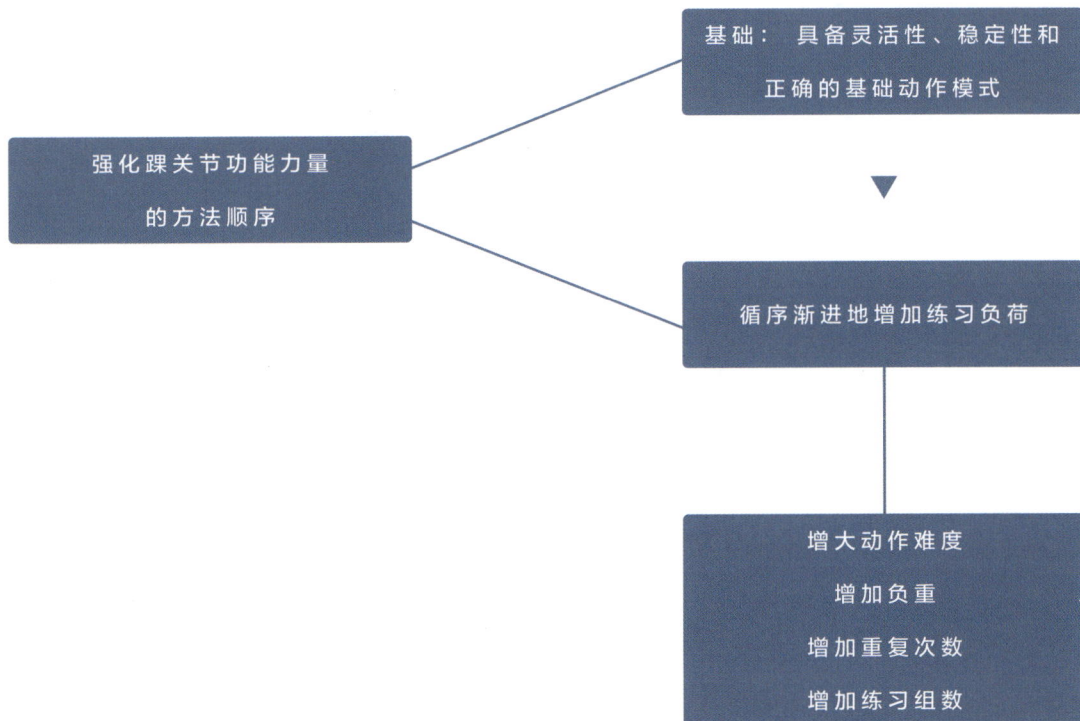

```
强化踝关节功能力量          基础：具备灵活性、稳定性和
的方法顺序                  正确的基础动作模式

                          ▼

                      循序渐进地增加练习负荷

                          增大动作难度
                          增加负重
                          增加重复次数
                          增加练习组数
```

## 无器械训练

# 原地正向提踵训练

**1**

**2**

**– 变式动作 –**

原地外旋提踵训练：
动作过程中保持双
脚脚尖向外打开，
增加对小腿外侧肌
肉的刺激。

原地内旋提踵训练：
动作过程中保持双
脚脚尖向内旋转，
增加对小腿内侧肌
肉的刺激。

**– 训练目的 –**

强化踝关节周围肌
肉，尤其是小腿三头
肌的功能力量。

**– 注意事项 –**

动作过程中保持身体
稳定且朝向正方。

**– 训练步骤 –**

**1** 身体呈站姿，双脚略微分开（也可并拢）站在椅子后
方，双手扶在椅背上。

**2** 双脚脚尖撑地，脚跟向上抬起至最大限度，保持 1~2
秒。恢复至起始姿势，重复规定次数。

\* 若在提踵至最高点或疼痛临界点后，保持 10~15 秒，
即为原地正向提踵等长训练。该训练特别适合有跟腱
问题（尤其存在轻微疼痛）的人群。

# 台阶提踵训练

**1**

**2**

---

### － 训练目的 －

强化踝关节周围肌肉，尤其是小腿三头肌的功能力量。

### － 注意事项 －

动作过程中保持身体稳定，有控制地完成动作。

### － 训练步骤 －

**1** 将椅子放在跳箱上，双手扶在椅背上，双脚站立于跳箱边缘且脚跟悬空。

**2** 双脚脚尖撑地，脚跟向上抬起至最大限度，保持 1~2 秒。恢复至起始姿势，重复规定次数。

踝关节功能力量训练 ▼ 无器械训练

# 站姿单脚提踵训练

**1**

– 变式动作 –

变式动作1：动作过程中保持支撑脚脚尖向外打开，增加对小腿内侧肌肉的刺激。

**2**

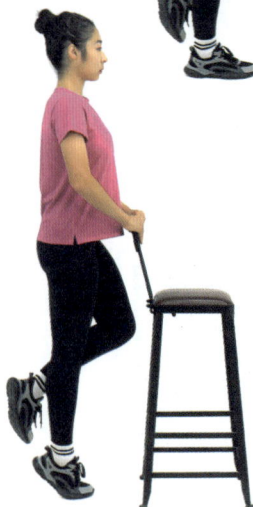

变式动作2：动作过程中保持支撑脚脚尖向内旋转，增加对小腿外侧肌肉的刺激。

– 训练目的 –

强化踝关节周围肌肉，尤其是小腿三头肌的功能力量。

– 注意事项 –

动作过程中保持身体稳定且朝向正方。

– 训练步骤 –

1　身体呈单腿站姿，双手扶在椅背上。

2　支撑脚脚尖撑地，脚跟向上抬起至最大限度，保持1~2秒。恢复至起始姿势，重复规定次数后，换另一侧进行该动作。

\* 若在提踵至最高点或疼痛临界点后，保持10~15秒，即为站姿单脚提踵等长训练。

# 台阶单脚提踵训练

**1**

**2**

**– 训练目的 –**

强化踝关节周围肌肉，
尤其是小腿三头肌的功
能力量。

**– 注意事项 –**

动作过程中保持身体稳
定，有控制地完成动作。

**– 训练步骤 –**

**1** 将椅子放在跳箱上，双手扶在椅背上，
单脚站立于跳箱边缘且脚跟悬空。

**2** 支撑脚脚尖撑地，脚跟向上抬起至最
大限度，保持 1~2 秒。恢复至起始姿
势，重复规定次数后，换另一侧进行
该动作。

# 提踵行走训练

**1**

**2**

**3**

**－ 变式动作 －**

提踵横向行走训练：保持踮脚姿势，双脚交替先向左、再向右行走至规定距离或时间。

## － 训练目的 －

强化踝关节周围肌肉，尤其是小腿三头肌的功能力量。

## － 注意事项 －

动作过程中保持身体稳定且朝向正方。

## － 训练步骤 －

**1** 身体呈站姿，双脚并拢，脚尖撑地，脚跟向上抬起，双手叉腰。

**2-3** 保持踮脚姿势，双脚交替先向前、再向后行走至规定距离或时间。

# 勾脚尖行走训练

## － 变式动作 －

勾脚尖横向行走训练：保持勾脚姿势，双脚交替先向左、再向右行走至规定距离或时间。

### － 训练目的 －

强化踝关节周围肌肉，尤其是小腿前侧肌肉的功能力量。

### － 注意事项 －

动作过程中保持身体稳定且朝向正方。

### － 训练步骤 －

1　身体呈站姿，双脚并拢，脚尖勾起，双手叉腰。

2
3　保持勾脚尖姿势，双脚交替先向前、再向后行走至规定距离或时间。

踝关节功能力量训练▼无器械训练

# 原地勾脚、绷脚训练

**1**

**2**

**3**

## – 训练目的 –

强化踝关节周围肌肉，尤其是小腿三头肌的功能力量。

## – 注意事项 –

动作过程中保持身体稳定且朝向正方。

## – 训练步骤 –

**1** 身体呈站姿，抬头挺胸，目视前方，双手叉腰，双脚并拢。

**2** 右腿保持伸直支撑身体，左腿伸直上抬，左脚脚尖向上勾起至最大限度，保持 1~2 秒。

**3** 保持上身及右腿姿势不变，左脚脚背向下绷直至最大限度，保持 1~2 秒。交替勾脚、绷脚至规定次数。换另一侧进行该动作。

# 双脚原地踝关节连续跳跃训练

**1**

**2**

## − 训练目的 −

强化踝关节周围肌肉，尤其是小腿三头肌的功能力量。

## − 注意事项 −

动作过程中保持躯干挺直，髋部朝向正前方。

## − 训练步骤 −

**1** 身体呈站姿，双脚并拢，双手叉腰。

**2** 双脚垂直向上跳跃至规定时间或次数。

踝关节功能力量训练 ▼ 无器械训练

# 双脚原地前后连续跳跃训练

**1**

**2**

**3**

## － 训练目的 －

强化踝关节周围肌肉，尤其是小腿三头肌的功能力量。

## － 注意事项 －

动作过程中保持躯干挺直，髋部朝向正前方。

## － 训练步骤 －

**1** 　身体呈站姿，双脚并拢，双手叉腰。

**2** 　双脚前后交替跳跃至规定时间或次数。
**3**

# 双脚原地左右连续跳跃训练

**1**

**2**

**3**

### － 训练目的 －

强化踝关节周围肌肉，尤其是小腿三头肌的功能力量。

### － 注意事项 －

动作过程中保持躯干挺直，髋部朝向正前方。

### － 训练步骤 －

**1** 身体呈站姿，双脚并拢，双手叉腰。

**2~3** 双脚左右交替跳跃至规定时间或次数。

踝关节功能力量训练 ▼ 无器械训练

# 双脚转体90度连续跳跃训练

**1**  **2**  **3**  **4**  **5**

### - 训练目的 -

强化踝关节周围肌肉，
尤其是小腿三头肌的
功能力量。

### - 注意事项 -

动作过程中保持躯干
挺直。

### - 训练步骤 -

**1** 身体呈站姿，双脚并拢，双手叉腰。

**2**
**3** 双脚向上跳起，同时整个身体向左侧旋转 90 度，
落地后屈髋、屈膝缓冲。

**4**
**5** 双脚迅速再次向上跳起，同时整个身体向右侧旋
转 90 度，落地后屈髋、屈膝缓冲。重复上述转向
跳跃过程至规定时间或次数后，换另一侧进行该
动作。

# 单脚原地踝关节连续跳跃训练

**1**

**2**

- 训练目的 -

强化踝关节周围肌肉，尤其是小腿三头肌的功能力量。

- 注意事项 -

动作过程中保持躯干挺直，髋部朝向正前方。

- 训练步骤 -

**1** 身体呈单腿站姿，双手叉腰。

**2** 支撑脚垂直向上跳跃至规定时间或次数后，换另一侧进行该动作。

# 单脚原地前后连续跳跃训练

**1**

**2**

**3**

### - 训练目的 -

强化踝关节周围肌肉，尤其是小腿三头肌的功能力量。

### - 注意事项 -

动作过程中保持躯干挺直，髋部朝向正前方。

### - 训练步骤 -

**1** 身体呈单腿站姿，双手叉腰。

**2**
**3** 支撑脚前后交替跳跃至规定时间或次数后，换另一侧进行该动作。

# 单脚原地左右连续跳跃训练

## － 训练目的 －

强化踝关节周围肌肉，尤其是小腿三头肌的功能力量。

## － 注意事项 －

动作过程中保持躯干挺直，髋部朝向正前方。

## － 训练步骤 －

**1** 身体呈单腿站姿，双手叉腰。

**2**
**3** 支撑脚左右交替跳跃至规定时间或次数后，换另一侧进行该动作。

踝关节功能力量训练 ▼ 无器械训练

# 单脚转体90度连续跳跃训练

**1**　**2**　**3**　**4**　**5**

## － 训练目的 －

强化踝关节周围肌肉，尤其是小腿三头肌的功能力量。

## － 注意事项 －

动作过程中保持躯干挺直。

## － 训练步骤 －

**1** 身体呈单腿站姿，双手叉腰。

**2**
**3** 支撑脚向上跳起，同时整个身体向左侧旋转90度，落地后屈髋、屈膝缓冲。

**4**
**5** 支撑脚迅速再次向上跳起，同时整个身体向右侧旋转90度，落地后屈髋、屈膝缓冲。重复上述转向跳跃过程至规定时间或次数后，换另一侧进行该动作。

## 弹力带辅助训练

# 弹力带勾脚训练

**1**

**2**

– 变式动作 –

在练习腿的小腿下方放置泡沫轴，增加动作难度。

– 训练目的 –

强化踝关节周围肌肉的功能力量。

– 注意事项 –

动作过程中保持身体稳定，避免练习侧膝关节、髋关节产生代偿。

– 训练步骤 –

**1** 身体呈坐姿，双臂伸直撑于体后，右腿屈曲，右脚撑地，左腿伸直。将弹力带的两端固定在身体正前方约与踝关节同高处，中段缠绕在左脚前脚掌上，使弹力带具有一定张力。

**2** 左脚脚尖向上勾起至最大限度，保持 1~2 秒。恢复至起始姿势，重复规定次数后，换另一侧进行该动作。

# 弹力带绷脚训练

**1**

**2**

---

### - 训练目的 -

强化踝关节周围肌肉的功能力量。

### - 注意事项 -

动作过程中保持身体稳定,避免练习侧膝关节、髋关节产生代偿。

### - 训练步骤 -

**1** 身体呈坐姿,右腿屈曲,右脚撑地,左腿伸直并将泡沫轴置于该侧小腿下方。将弹力带的中段缠绕在左脚前脚掌上,双手握住弹力带的两端,使弹力带具有一定张力。

**2** 左脚脚尖向下压至最大限度,保持 1~2 秒。恢复至起始姿势,重复规定次数后,换另一侧进行该动作。

# 弹力带外翻训练

1

2

## — 训练目的 —

强化踝关节周围肌肉的功能力量。

## — 注意事项 —

动作过程中保持身体稳定,避免练习侧膝关节、髋关节产生代偿。

## — 训练步骤 —

1 身体呈坐姿,右腿屈曲,右脚撑地,左腿伸直并将泡沫轴置于该侧小腿下方,双手握住左腿大腿进行固定。将弹力带的两端固定在身体右侧约与踝关节同高处,中段缠绕在左脚前脚掌上,使弹力带具有一定张力。

2 左脚向外翻至最大限度,保持 1~2 秒。恢复至起始姿势,重复规定次数后,换另一侧进行该动作。

踝关节功能力量训练 ▼ 弹力带辅助训练

# 迷你带双脚外翻训练

**1**

**2**

### - 训练目的 -

强化踝关节周围肌肉的
功能力量。

### - 注意事项 -

动作过程中保持身体稳
定，避免膝关节、髋关
节产生代偿。

### - 训练步骤 -

**1** 身体呈坐姿，双腿略微分开并伸直，双手握住同
侧大腿进行固定。将迷你带套在双脚的前脚掌上，
使迷你带具有一定张力。

**2** 双脚同时向外翻至最大限度，保持 1~2 秒。恢复
至起始姿势，重复规定次数。

# 弹力带内翻训练

**1**

**2**

---

### － 训练目的 －

强化踝关节周围肌肉
的功能力量。

### － 注意事项 －

动作过程中保持身体稳
定,避免练习侧膝关节、
髋关节产生代偿。

### － 训练步骤 －

**1** 身体呈坐姿,右腿屈曲,右脚撑地,左腿伸
直并将泡沫轴置于该侧小腿下方,双手握住
左腿大腿进行固定。将弹力带的两端固定在
身体左侧约与踝关节同高处,中段缠绕在左
脚前脚掌上,使弹力带具有一定张力。

**2** 左脚向内翻至最大限度,保持 1~2 秒。恢
复至起始姿势,重复规定次数后,换另一
侧进行该动作。

踝关节功能力量训练 ▼ 弹力带辅助训练

# 迷你带单脚外旋训练

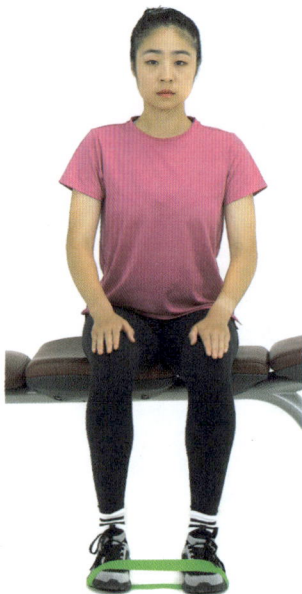

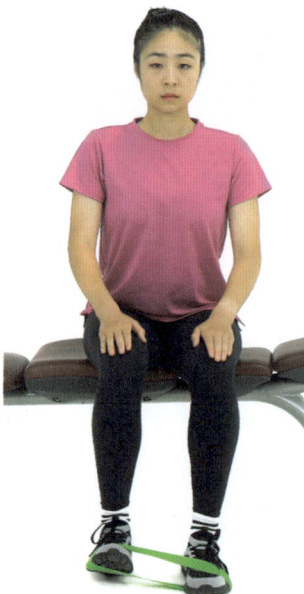

## – 训练目的 –

强化踝关节周围肌肉的功能力量。

## – 注意事项 –

动作过程中保持身体稳定，避免练习侧膝关节、髋关节产生代偿。

## – 训练步骤 –

**1** 身体呈坐姿坐在椅子上，双腿分开与肩同宽或略小于肩宽，双手放在同侧大腿上。将迷你带套在双脚的前脚掌上，使迷你带具有一定张力。

**2**
**~**
**3** 右脚前脚掌向上抬起，随后外旋至最大限度，保持1~2秒。恢复至起始姿势，重复规定次数后，换另一侧进行该动作。

# 弹力带抗阻小腿外旋训练

**1**

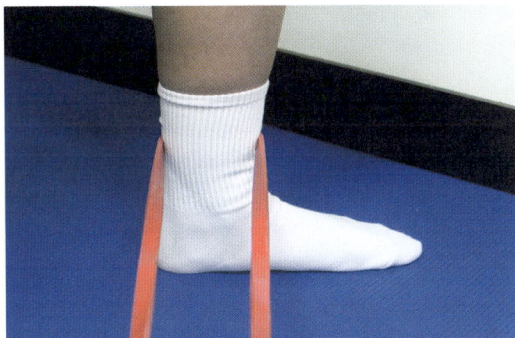

**2**

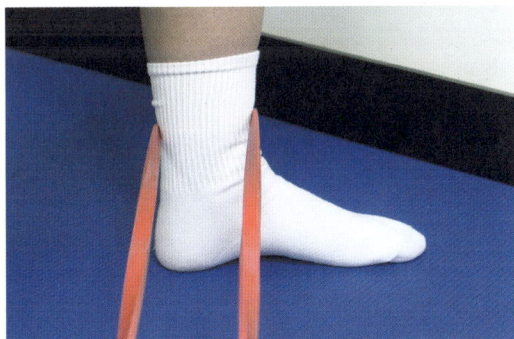

− 训练目的 −

强化足弓力量。

− 注意事项 −

动作过程中保持脚趾抓
地，足跟踩地。

− 训练步骤 −

**1** 身体呈站姿，将弹力带一端固定在身体右
侧约与踝关节同高处，另一端从左脚踝关
节外侧绕过，使弹力带具有一定张力。

**2** 保持身体姿势不变，左腿小腿缓慢外旋至
最大限度，保持 1~2 秒。恢复至起始姿势，
重复规定次数后，换另一侧进行该动作。

## 负重训练

# 哑铃站姿提踵训练

**1**

**2**

**– 其他角度 –**

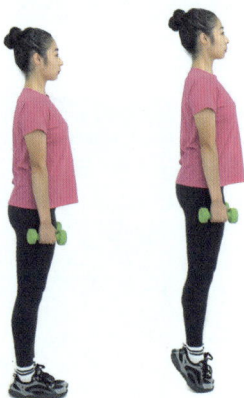

**– 训练目的 –**

强化踝关节周围肌肉，
尤其是小腿三头肌的
功能力量。

**– 注意事项 –**

动作过程中保持身体
稳定且朝向正方。

**– 训练步骤 –**

**1** 身体呈站姿，双脚并拢，双臂于身体两侧伸直，
双手各握一只哑铃且掌心相对。

**2** 脚尖撑地，脚跟向上抬起至最大限度，保持
1～2秒。恢复至起始姿势，重复规定次数。

\* 若在提踵至最高点或疼痛临界点后，保持
10～15秒，即为哑铃站姿提踵等长训练。

# 哑铃站姿台阶提踵训练

**1**

**2**

## － 训练目的 －

强化踝关节周围肌肉，尤其是小腿三头肌的功能力量。

## － 注意事项 －

动作过程中保持身体稳定且朝向正前方。

## － 训练步骤 －

**1** 身体呈站姿，双脚并拢站立于高度为5~10厘米的物体边缘且脚跟悬空，双臂于身体两侧伸直，双手各握一只哑铃且掌心相对。

**2** 双脚脚尖支撑，脚跟向上抬起至最大限度，保持1~2秒。恢复至起始姿势，重复规定次数。

# 哑铃站姿单腿提踵训练

**1**

**2**

– 其他角度 –

---

### – 训练目的 –

强化踝关节周围肌肉，
尤其是小腿三头肌的
功能力量。

### – 注意事项 –

动作过程中保持身体
稳定且朝向正前方。

### – 训练步骤 –

**1** 身体呈单腿站姿，左脚支撑，右脚抬离地面，
双臂于身体两侧伸直，双手各握一只哑铃且掌
心相对。

**2** 左脚脚尖撑地，脚跟向上抬起至最大限度，保
持 1~2 秒。恢复至起始姿势，重复规定次数后，
换另一侧进行该动作。

# 哑铃站姿台阶单腿提踵训练

**－ 训练目的 －**

强化踝关节周围肌肉，尤其是小腿三头肌的功能力量。

**－ 注意事项 －**

动作过程中保持身体稳定且朝向正前方。

**－ 训练步骤 －**

**1** 身体呈单腿站姿，左脚站立于高度为5~10厘米的物体边缘且脚跟悬空，双臂于身体两侧伸直，双手各握一只哑铃且掌心相对。

**2** 左脚脚尖支撑，脚跟向上抬起至最大限度，保持 1 ~ 2 秒。恢复至起始姿势，重复规定次数后，换另一侧进行该动作。

踝关节功能力量训练 ▼ 负重训练

# 哑铃站姿提踵行走训练

**1**

**2**

**3**

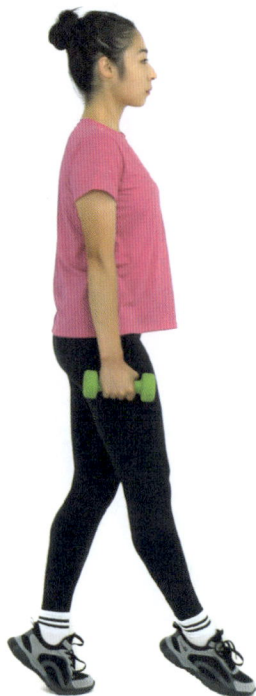

- 训练目的 -

强化踝关节周围肌肉，尤其是小腿三头肌的功能力量。

- 注意事项 -

动作过程中保持身体稳定且朝向正前方。

- 训练步骤 -

**1** 身体呈站姿，双脚并拢，脚尖撑地，脚跟向上抬起，双臂于身体两侧伸直，双手各握一只哑铃且掌心相对，目视前方。

**2**
**3** 保持跷脚姿势，双脚交替先向前、再向后行走至规定距离或时间。

# 哑铃站姿提踵横向行走训练

**1**

**2**

**3**

**– 训练目的 –**

强化踝关节周围肌肉，尤其是小腿三头肌的功能力量。

**– 注意事项 –**

动作过程中保持身体稳定且朝向正前方。

**– 训练步骤 –**

**1** 身体呈站姿，双脚并拢，脚尖撑地，脚跟向上抬起，双臂于身体两侧伸直，双手各握一只哑铃且掌心相对，目视前方。

**2**
**3** 保持踮脚姿势，双脚交替先向左、再向右行走至规定距离或时间。

# 哑铃站姿勾脚尖行走训练

**1**    **2**    **3**

## - 训练目的 -

强化踝关节周围肌肉，尤其是小腿三头肌的功能力量。

## - 注意事项 -

动作过程中保持身体稳定且朝向正前方。

## - 训练步骤 -

**1**  身体呈站姿，双脚并拢，脚尖向上抬起，双臂于身体两侧伸直，双手各握一只哑铃且掌心相对，目视前方。

**2** **3**  保持勾脚尖姿势，双脚交替先向前、再向后行走至规定距离或时间。

# 哑铃站姿勾脚尖横向行走训练

**1**　　　　　**2**　　　　　**3**

## － 训练目的 －

强化踝关节周围肌肉，尤其是小腿三头肌的功能力量。

## － 注意事项 －

动作过程中保持身体稳定且朝向正前方。

## － 训练步骤 －

**1**　身体呈站姿，双脚并拢，脚尖向上抬起，双臂于身体两侧伸直，双手各握一只哑铃且掌心相对，目视前方。

**2～3**　保持勾脚尖姿势，双脚交替先向左、再向右行走至规定距离或时间。

踝关节功能力量训练　▼　负重训练

# 哑铃坐姿负重提踵训练

**1**

**2**

– 其他角度 –

**– 训练目的 –**

强化踝关节周围肌肉，
尤其是小腿三头肌的
功能力量。

**– 注意事项 –**

动作过程中保持身体
稳定且朝向正方。

**– 训练步骤 –**

**1** 身体呈坐姿坐在椅子上，双腿分开约与肩同宽，
双手各握一只哑铃且置于同侧大腿上。

**2** 脚尖撑地，脚跟向上抬起至最大限度，保持
1～2秒。恢复至起始姿势，重复规定次数。

# 壶铃坐姿负重勾脚尖训练

**1**

**2**

- **训练目的** -

强化踝关节周围肌肉，尤其是小腿三头肌的功能力量。

- **注意事项** -

动作过程中保持身体稳定且朝向正方。

- **训练步骤** -

**1** 身体呈坐姿坐在椅子上，左腿屈膝 90 度且左脚着地支撑，右腿向前伸直且将一个壶铃悬挂在右脚脚背处，双手辅助固定右膝。

**2** 右脚脚尖向上勾起至最大限度，保持 1~2秒。恢复至起始姿势，重复规定次数后，换另一侧进行该动作。

第 四 章

# 踝关节功能强化训练方案

　　除了前文介绍的踝关节功能强化训练策略、步骤与动作练习，本章还提供了针对常见的与踝关节相关的功能障碍，以及足踝慢性疼痛的训练方案，以帮助训练者更好地训练。值得注意的是，本章中的训练方案均分为基础方案和进阶方案，当训练者能够在保障动作质量的前提下轻松完成基础方案的训练时，即可进行进阶方案的训练；相反，若训练者感到完成进阶方案的训练较为吃力或已无法保障动作质量时，应退阶进行基础方案的训练。

# 4.1 针对踝关节常见功能障碍的训练方案

## 4.1.1 预防踝关节习惯性扭伤的功能强化训练方案

为了预防踝关节的反复扭伤，训练应遵循科学的功能强化原则，逐步提升其灵活性、稳定性和功能力量。首先，灵活性提升是基础。通过主动和被动拉伸，扩大关节活动范围，提升柔韧性，从而降低扭伤的风险。其次，稳定性增强是关键。实施本体感觉训练，如单腿站立、闭眼平衡和单侧下肢训练，可以提高踝关节对外部刺激的反应能力，激活周围韧带和肌肉，增强抗外力能力。最后，功能力量的强化是长期保障。重点训练小腿和足部肌群的力量，如提踵和踝关节抗阻外翻等训练，可以提升支撑力和稳定性，增强运动承载能力。

训练应循序渐进，逐步增加强度。每周进行 2~3 次，并配合适当的热身和恢复措施，可以实现最佳的预防效果。通过科学系统的功能训练，可以有效降低踝关节习惯性扭伤的发生率。

## 基础方案

**1**　泡沫轴滚压小腿后侧训练
每侧 30~60 秒 / 组，1~2 组，无间歇
第 43 页

**2**　泡沫轴滚压小腿外侧训练
每侧 30~60 秒 / 组，1~2 组，无间歇
第 44 页

**3**　静态拉伸小腿后侧训练
每侧 20~30 秒 / 组，1~2 组，间歇 30 秒
第 57 页

**4**　脚背支撑坐姿训练
60~120 秒 / 组，1~2 组，间歇 30 秒
第 62 页

**5**　跪姿膝关节前顶训练
每侧 8~10 次 / 组，1~2 组，间歇 30 秒
第 78 页

**6**　静态平板支撑训练
15~60 秒 / 组，2~3 组，间歇 30 秒
第 105 页

**7**　单腿站立训练
每侧 15~60 秒 / 组，2~3 组，间歇 30 秒
第 129 页

**8**　单腿俯身多点触摸训练
每侧 8~10 次 / 组，2~3 组，间歇 30 秒
第 132 页

**10**　弹力带外翻训练
每侧 8~10 次 / 组，2~3 组，间歇 30 秒
第 195 页

**9**　原地正向提踵训练
8~10 次 / 组，2~3 组，间歇 30 秒
第 178 页

## 进阶方案

**1** 筋膜球按压小腿后侧扳机点训练
每侧 30~60 秒 / 组，1~2 组，无间歇
第 47 页

**2** 筋膜球按压小腿外侧扳机点训练
每侧 30~60 秒 / 组，1~2 组，无间歇
第 49 页

**3** 静态拉伸小腿后侧训练
每侧 20~30 秒 / 组，1~2 组，间歇 30 秒
第 57 页

**4** 脚趾支撑坐姿训练
60~120 秒 / 组，1~2 组，间歇 30 秒
第 61 页

**5** 脚尖垫高跪姿膝关节前顶训练
每侧 8~10 次 / 组，1~2 组，间歇 30 秒
第 79 页

**6** 动态侧向平板支撑训练
每侧 8~10 次 / 组，2~3 组，间歇 30 秒
第 111 页

**7** 闭眼单腿站立训练
每侧 15~60 秒 / 组，2~3 组，间歇 30 秒
第 130 页

**8** 平衡垫燕式平衡训练
每侧 8~10 次 / 组，2~3 组，间歇 30 秒
第 136 页

**9** 哑铃站姿台阶提踵训练
8~10 次 / 组，2~3 组，间歇 30 秒
第 201 页

**10** 迷你带双脚外翻训练
8~10 次 / 组，2~3 组，间歇 30 秒
第 196 页

# 4.1.2 预防足弓塌陷的功能强化训练方案

　　足弓塌陷是一种常见的足部功能障碍问题，可能导致疼痛、踝关节不稳、步态异常及其他运动损伤。预防足弓塌陷的关键在于功能性强化训练。首先，使用筋膜球进行足底筋膜的滚压，同时对足踝周围以及小腿的软组织进行放松和拉伸，以改善软组织张力，防止局部过度负荷；其次，通过缩足训练等运动控制训练有效增强维持足弓的相关肌肉；最后，还要适当进行小腿肌肉的功能力量训练，尤其是内侧胫骨后肌的力量增强，这有助于预防足弓塌陷，提高踝关节稳定性及改善步态。

## 基础方案

**1** 筋膜球按压足底训练
每侧 30~60 秒 / 组，1~2 组，无间歇
第 51 页

**2** 泡沫轴滚压小腿后侧训练
每侧 30~60 秒 / 组，1~2 组，无间歇
第 43 页

**3** 泡沫轴滚压小腿外侧训练
每侧 30~60 秒 / 组，1~2 组，无间歇
第 44 页

**4** 静态拉伸踇趾训练
每侧 20~30 秒 / 组，1~2 组，间歇 30 秒
第 60 页

**5** 被动姆趾灵活性训练
每侧 8~10 次 / 组，1~2 组，间歇 30 秒
第 64 页

**6** 被动跖骨灵活性训练
每侧 10 秒 / 组，1~2 组，间歇 30 秒
第 66 页

**7** 缩足训练
每侧 8~10 次 / 组，1~2 组，间歇 30 秒
第 75 页

**8** 原地内旋提踵训练
8~10 次 / 组，2~3 组，间歇 30 秒
第 178 页

**9** 提踵横向行走训练
10~15 米 / 组，2~3 组，间歇 30 秒
第 182 页

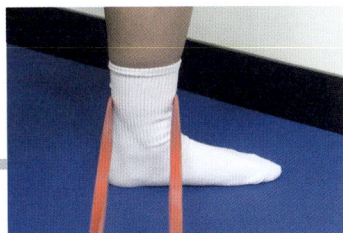

**10** 弹力带抗阻小腿外旋训练
每侧 8~10 次 / 组，2~3 组，间歇 30 秒
第 199 页

# 进阶方案

**1** 筋膜球按压足底训练
每侧 30~60 秒 / 组，1~2 组，无间歇
第 51 页

**2** 筋膜球按压小腿后侧扳机点训练
每侧 30~60 秒 / 组，1~2 组，无间歇
第 47 页

**3** 筋膜球按压小腿外侧扳机点训练
每侧 30~60 秒 / 组，1~2 组，无间歇
第 49 页

**4** 脚趾支撑坐姿训练
60~120 秒 / 组，1~2 组，间歇 30 秒
第 61 页

**5** 抬踇趾训练
每侧 8~10 次 / 组，1~2 组，间歇 30 秒
第 70 页

**6** 脚趾夹球训练
每侧 8~10 次 / 组，1~2 组，间歇 30 秒
第 72 页

**7** 弹力带绷脚训练
每侧 8~10 次 / 组，2~3 组，间歇 30 秒
第 194 页

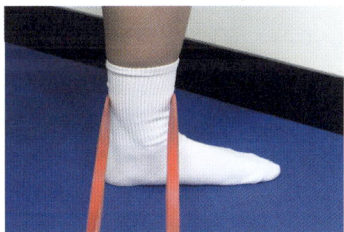

**8** 弹力带抗阻小腿外旋训练
每侧 8~10 次 / 组，2~3 组，间歇 30 秒
第 199 页

**9** 哑铃站姿提踵横向行走训练
10~15 米 / 组，2~3 组，间歇 30 秒
第 205 页

**10** 哑铃坐姿负重提踵训练
8~10 次 / 组，2~3 组，间歇 30 秒
第 208 页

# 4.1.3 针对踝关节背屈活动度不足的纠正训练方案

　　缺乏足够的踝关节背屈运动度可能会引发步态失常和运动伤害等，这种情况常见于运动受伤、长期固定姿态或软组织僵化。为了纠正踝关节背屈活动度的不足，应从增强软组织柔韧性着手，并结合多种策略逐步复原关节活动度。训练的重点包括呼吸控制、软组织放松和疼痛点管理，以及灵活性训练。

　　首先，呼吸控制在训练中占据重要位置。通过有节律的呼吸训练，可以有效地释放全身软组织的张力，有助于放松过度紧绷的肌肉和筋膜，进而为后续训练打下更好的基础。其次，软组织放松和疼痛点管理是缓解局部硬化和疼痛的有效技巧。利用泡沫轴、筋膜球等工具对小腿、脚踝等部位的软组织进行放松，可以缓解局部紧张，优化血液循环，提高关节灵活度。特别是针对小腿三头肌和腓肠肌的放松，可以直接提升踝关节的活动幅度。最后，应进行踝关节的灵活性训练。通过静态拉伸和动态拉伸相结合，逐步扩大踝关节背屈的范围，特别是对小腿后部的腓肠肌和比目鱼肌进行系统的拉伸，有助于恢复踝关节的活动范围。通过主动灵活性训练协调足踝肌肉的收缩与放松，促进背屈动作的流畅性，使踝关节在日常生活和运动中更具功能适应性。

## 基础方案

**1** 俯卧呼吸训练（鳄鱼式呼吸）
10~15 次 / 组，2~3 组，间歇 30 秒
第 39 页

**3** 泡沫轴滚压小腿后侧训练
每侧 30~60 秒 / 组，1~2 组，无间歇
第 43 页

**2** 筋膜球按压足底训练
每侧 30~60 秒 / 组，1~2 组，无间歇
第 51 页

**4**　泡沫轴滚压小腿外侧训练
每侧 30~60 秒 / 组，1~2 组，无间歇
第 44 页

**5**　泡沫轴滚压小腿前侧训练
每侧 30~60 秒 / 组，1~2 组，无间歇
第 42 页

**6**　被动跖骨灵活性训练
每侧 10 秒 / 组，1~2 组，间歇 30 秒
第 66 页

**7**　静态拉伸小腿后侧训练
每侧 20~30 秒 / 组，1~2 组，间歇 30 秒
第 57 页

**8**　跪姿膝关节前顶训练
每侧 8~10 次 / 组，1~2 组，间歇 30 秒
第 78 页

**9**　勾脚尖、绷脚尖训练
每侧 8~10 次 / 组，1~2 组，间歇 30 秒
第 74 页

**10**　脚尖垫高站姿膝关节前顶踝关节灵活性训练
每侧 8~10 次 / 组，1~2 组，间歇 30 秒
第 85 页

## 进阶方案

**1** 仰卧屈膝呼吸训练（仰卧腹式呼吸）
10~15 次 / 组，2~3 组，间歇 30 秒
第 40 页

**2** 筋膜球按压足底训练
每侧 30~60 秒 / 组，1~2 组，无间歇
第 51 页

**3** 筋膜球按压小腿后侧扳机点训练
每侧 30~60 秒 / 组，1~2 组，无间歇
第 47 页

**4** 筋膜球按压小腿外侧扳机点训练
每侧 30~60 秒 / 组，1~2 组，无间歇
第 49 页

**5** 筋膜球按压小腿前侧扳机点训练
每侧 30~60 秒 / 组，1~2 组，无间歇
第 46 页

**6**　静态拉伸小腿后侧训练
每侧 20~30 秒 / 组，1~2 组，间歇 30 秒
第 57 页

**7**　脚趾支撑坐姿训练
60~120 秒 / 组，1~2 组，间歇 30 秒
第 61 页

**8**　单腿台阶弹力带向后牵拉踝关节灵活性训练
每侧 8~10 次 / 组，1~2 组，间歇 30 秒
第 89 页

**9**　脚尖垫高跪姿膝关节前顶训练
每侧 8~10 次 / 组，1~2 组，间歇 30 秒
第 79 页

**10**　站姿脚尖踩半泡沫轴俯身训练
8~10 次 / 组，1~2 组，间歇 30 秒
第 86 页

# 4.1.4 针对踝关节稳定性不足的纠正训练方案

踝关节稳定性不足是一种常见的足部功能障碍，可能会引发步态失常和运动伤害，特别是在踝关节负荷较大的运动或日常活动当中。为了纠正这种情况，训练方案应聚焦于增强稳定性、协调性和功能力量。首要任务是增强踝关节的静态稳定控制能力。通过睁眼和闭眼单脚站立等训练，可以提高踝关节在不稳定状态下的感知和反应能力。这种训练有利于提高平衡感和控制力，降低不稳定性导致的伤害风险。其次，通过神经反应训练结合动态稳定性训练可以提升踝关节的适应性。例如单腿动态训练、落地稳定性训练等，能有效提升踝关节的动态稳定性，增强其对不同运动模式的适应能力。此外，需要加强踝关节周围肌肉群的力量，特别是小腿前侧和后侧的肌肉。通过低强度的功能力量训练，例如站立提踵训练，可以有效增强踝部力量，激活稳定肌群，增强对脚踝的支撑力。最后，整体协调性训练将核心肌群与下肢的协调性结合起来，可以提升全身在运动中的稳定性。全身稳定性训练（例如半泡沫轴训练）可以增强足踝的综合控制能力。

总之，通过结合稳定性训练、功能力量训练和整体协调性训练，可以有效提升踝关节的稳定性，降低其在运动中的受伤风险，恢复其正常功能。

## 基础方案

**1**　脚趾张开训练
每侧 8~10 次 / 组，1~2 组，间歇 30 秒
第 68 页

**3**　转脚踝训练
每侧 8~10 次 / 组，1~2 组，间歇 30 秒
第 73 页

**2**　脚趾弯曲训练
8~10 次 / 组，1~2 组，间歇 30 秒
第 69 页

**4** 跪姿膝关节前顶训练
每侧 8~10 次 / 组，1~2 组，间歇 30 秒
第 78 页

**5** 单腿站立训练
每侧 15~60 秒 / 组，2~3 组，间歇 30 秒
第 129 页

**6** 燕式平衡训练
每侧 8~10 次 / 组，2~3 组，间歇 30 秒
第 131 页

**8** 双脚站半泡沫轴下蹲训练
8~10 次 / 组，2~3 组，间歇 30 秒
第 141 页

**7** 站台阶单侧提髋训练
每侧 8~10 次 / 组，2~3 组，间歇 30 秒
第 133 页

**10** 台阶提踵训练
8~10 次 / 组，2~3 组，间歇 30 秒
第 179 页

**9** 单腿前后跳落地稳定训练
每侧 8~10 次 / 组，2~3 组，间歇 30 秒
第 158 页

## 进阶方案

**1** 半泡沫轴活动脚趾训练
每侧 8~10 次 / 组，1~2 组，间歇 30 秒
第 71 页

**2** 脚趾夹球训练
每侧 8~10 次 / 组，1~2 组，间歇 30 秒
第 72 页

**3** 脚尖垫高跪姿膝关节前顶训练
每侧 8~10 次 / 组，1~2 组，间歇 30 秒
第 79 页

**4** 闭眼单腿站立训练
每侧 15~60 秒 / 组，2~3 组，间歇 30 秒
第 130 页

**5** 平衡垫单腿俯身多点触摸训练
每侧 8~10 次 / 组，2~3 组，间歇 30 秒
第 137 页

**6** 双脚站半泡沫轴（反向）下蹲训练
8~10 次 / 组，2~3 组，间歇 30 秒
第 142 页

**7** 单脚横向站半泡沫轴（反向）稳定控制训练
每侧 15~60 秒 / 组，2~3 组，间歇 30 秒
第 146 页

**8** 站半泡沫轴（反向）弓步训练
每侧 8~10 次 / 组，2~3 组，间歇 30 秒
第 152 页

**9** 单腿左右跳落地稳定训练
每侧 8~10 次 / 组，2~3 组，间歇 30 秒
第 159 页

**10** 哑铃坐姿负重提踵训练
8~10 次 / 组，2~3 组，间歇 30 秒
第 208 页

# 4.2 缓解足踝常见慢性疼痛的训练方案

## 4.2.1 缓解踝关节外侧慢性疼痛的训练方案

脚踝扭伤后，若未进行专项功能恢复，则易演变为踝关节慢性疼痛和功能障碍。针对踝关节外侧慢性疼痛的康复方案应遵循缓解疼痛、恢复灵活性、增强稳定性和提升力量的渐进过程。首先，缓解疼痛是关键一步。通过呼吸调节和扳机点松解可有效减轻局部肌肉紧张，从而缓解疼痛。其次，改善踝关节灵活性。通过软组织放松和拉伸训练，逐步恢复踝关节的活动范围，重点拉伸腓肠肌、比目鱼肌。接着，增强踝关节稳定性。单腿站立等平衡训练可提升踝关节稳定性和本体感觉，增强其在不稳定状态下的控制力，减少因疼痛导致的活动度不足和功能障碍。最后，提升踝关节功能力量。通过逐步增加负荷的抗阻训练，强化踝关节周围肌肉力量，提高其对日常活动和运动负荷的适应性，预防疼痛复发。

通过这一系统性康复路径，可以有效缓解踝关节外侧慢性疼痛并恢复相关运动功能。

## 基础方案

**1** 仰卧屈膝呼吸训练（仰卧腹式呼吸）
10~15 次 / 组，2~3 组，间歇 30 秒
第 40 页

**2** 泡沫轴滚压小腿后侧训练
每侧 30~60 秒 / 组，1~2 组，无间歇
第 43 页

**3** 泡沫轴滚压小腿外侧训练
每侧 30~60 秒 / 组，1~2 组，无间歇
第 44 页

**4** 静态拉伸小腿后侧训练
每侧 20~30 秒 / 组，1~2 组，间歇 30 秒
第 57 页

**5** 筋膜球按压梨状肌扳机点训练
每侧 30~60 秒 / 组，1~2 组，无间歇
第 93 页

**6** 静态拉伸梨状肌训练（仰卧姿势）
每侧 20~30 秒 / 组，1~2 组，间歇 30 秒
第 96 页

**7** 迷你带蚌式训练
每侧 8~10 次 / 组，2~3 组，间歇 30 秒
第 124 页

**8** 平衡垫单腿站立训练
每侧 15~60 秒 / 组，2~3 组，间歇 30 秒
第 134 页

**10** 提踵行走训练
10~15 米 / 组，2~3 组，间歇 30 秒
第 182 页

**9** 双脚左右跳落地稳定训练
8~10 次 / 组，2~3 组，间歇 30 秒
第 156 页

## 进阶方案

**1** 婴儿式呼吸训练
10~15 次 / 组，2~3 组，间歇 30 秒
第 41 页

**2** 筋膜球按压小腿后侧扳机点训练
每侧 30~60 秒 / 组，1~2 组，无间歇
第 47 页

**3** 筋膜球按压小腿外侧扳机点训练
每侧 30~60 秒 / 组，1~2 组，无间歇
第 49 页

**4** 筋膜球按压足底训练
每侧 30~60 秒 / 组，1~2 组，无间歇
第 51 页

**5** 静态拉伸小腿后侧训练
每侧 20~30 秒 / 组，1~2 组，间歇 30 秒
第 57 页

**6** 筋膜球按压梨状肌扳机点训练
每侧 30~60 秒 / 组，1~2 组，无间歇
第 93 页

**7** 静态拉伸梨状肌训练（跪坐姿势）
每侧 20~30 秒 / 组，1~2 组，间歇 30 秒
第 97 页

**8** 迷你带侧向行走训练
10~15 米 / 组，2~3 组，间歇 30 秒
第 127 页

**9** 单腿左右跳落地稳定训练
每侧 8~10 次 / 组，2~3 组，间歇 30 秒
第 159 页

**10** 哑铃站姿提踵训练
8~10 次 / 组，2~3 组，间歇 30 秒
第 200 页

# 4.2.2 缓解足底筋膜慢性疼痛的训练方案

　　患有足底筋膜疼痛的个体，常面临足踝功能障碍，他们的运动能力和生活质量都会受到较大的影响。针对足底筋膜慢性疼痛的训练方案应按照缓解疼痛、处理板机点、增强稳定性和提升功能力量的顺序进行。缓解疼痛是训练的首要目标。采取呼吸调控和疼痛点释放等策略，能显著降低肌肉紧张度，减轻疼痛感。其次，处理软组织中的扳机点至关重要。足底筋膜中扳机点引发的局部炎症和张力紊乱往往是慢性疼痛的根源，通过使用筋膜球对足底进行滚压，能有针对性地放松足底筋膜及其周围软组织，从而有效缓解疼痛并改善血液循环。接着，提升足踝稳定性和改善足弓的重要性不言而喻。通过单脚站立、平衡训练等活动，可以增强踝关节和足部的本体感觉和控制力，提升其在动态环境中的稳定性。特别是强化足弓支撑的训练，可以有效降低足底筋膜的负荷。最后，功能力量的增强是必不可少的一环。借助渐进式抗阻训练，可以增强小腿、足底和踝关节的力量，改善步态并提升负重能力。注重功能力量的训练，有助于减少对足底筋膜的过度拉伸和压力，恢复其张力，并防止疼痛复发。

　　通过上述系统的训练方案，能有效缓解足底筋膜的慢性疼痛，恢复其正常功能，提升运动表现。

## 基础方案

**1** 仰卧屈膝呼吸训练（仰卧腹式呼吸）
10~15 次 / 组，2~3 组，间歇 30 秒
第 40 页

**2** 筋膜球按压足底训练
每侧 30~60 秒 / 组，1~2 组，无间歇
第 51 页

**3** 泡沫轴滚压小腿前侧训练
每侧 30~60 秒 / 组，1~2 组，无间歇
第 42 页

**4**　泡沫轴滚压小腿后侧训练
每侧 30~60 秒 / 组，1~2 组，无间歇
第 43 页

**5**　静态拉伸小腿前侧训练
每侧 20~30 秒 / 组，1~2 组，间歇 30 秒
第 56 页

**6**　静态拉伸小腿后侧训练
每侧 20~30 秒 / 组，1~2 组，间歇 30 秒
第 57 页

**7**　被动跗趾灵活性训练
每侧 8~10 次 / 组，1~2 组，间歇 30 秒
第 64 页

**8**　被动跖骨灵活性训练
每侧 10 秒 / 组，1~2 组，间歇 30 秒
第 66 页

**9**　脚趾张开训练
每侧 8~10 次 / 组，1~2 组，间歇 30 秒
第 68 页

**10**　平衡垫单腿站立训练
每侧 15~60 秒 / 组，2~3 组，间歇 30 秒
第 134 页

## 进阶方案

**1** 婴儿式呼吸训练
10~15 次 / 组，2~3 组，间歇 30 秒
第 41 页

**2** 筋膜球按压足底训练
每侧 30~60 秒 / 组，1~2 组，无间歇
第 51 页

**3** 筋膜球按压小腿前侧扳机点训练
每侧 30~60 秒 / 组，1~2 组，无间歇
第 46 页

**4** 筋膜球按压小腿后侧扳机点训练
每侧 30~60 秒 / 组，1~2 组，无间歇
第 47 页

**5** 被动全脚趾灵活性训练
每侧 10 秒 / 组，1~2 组，间歇 30 秒
第 65 页

**6** 脚背支撑坐姿训练
60~120 秒 / 组，1~2 组，间歇 30 秒
第 62 页

**7** 半开放位跪姿膝关节前顶训练
每侧 8~10 次 / 组，1~2 组，间歇 30 秒
第 80 页

**8** 站姿脚尖踩半泡沫轴俯身训练
8~10 次 / 组，1~2 组，间歇 30 秒
第 86 页

**9** 单脚站半泡沫轴（反向）稳定控制训练
每侧 15~60 秒 / 组，2~3 组，间歇 30 秒
第 144 页

**10** 提踵横向行走训练
10~15 米 / 组，2~3 组，间歇 30 秒
第 182 页

## 4.2.3 缓解跟腱慢性疼痛的训练方案

跟腱慢性疼痛是常见的足踝功能障碍问题，缓解训练应遵循以下路径：减轻疼痛、处理板机点、增强稳定性和提升功能力量。首先，减轻疼痛是首要任务。可以通过呼吸调节和软组织放松等方法有效释放局部肌肉张力，减轻疼痛。其次，处理板机点至关重要。跟腱慢性疼痛常伴随腓肠肌、比目鱼肌及周围筋膜的板机点，可以使用泡沫轴和筋膜球进行深度放松，释放紧张区域，减轻跟腱压力，缓解疼痛。接着，增强足踝稳定性。通过单腿站立和平衡训练，可以提高踝关节控制能力与本体感觉，强化稳定性，减少因运动不稳或步态不良造成对跟腱的负担。最后，提升功能力量。通过等长力量训练和渐进性负重训练，如等长提踵和踮脚尖行走，增强小腿肌群力量，提高跟腱的抗载荷能力和组织弹性，减少组织拉力，防止疼痛复发。

通过上述训练路径可以系统地缓解跟腱慢性疼痛，恢复跟腱功能和力量，防止疼痛复发。

### 基础方案

**1** 仰卧屈膝呼吸训练（仰卧腹式呼吸）
10~15 次 / 组，2~3 组，间歇 30 秒
第 40 页

**3** 泡沫轴滚压小腿前侧训练
每侧 30~60 秒 / 组，1~2 组，无间歇
第 42 页

**2** 筋膜球按压足底训练
每侧 30~60 秒 / 组，1~2 组，无间歇
第 51 页

**4** 泡沫轴滚压小腿后侧训练
每侧 30~60 秒 / 组，1~2 组，无间歇
第 43 页

**5** 被动跖骨灵活性训练
每侧 10 秒 / 组，1~2 组，间歇 30 秒
第 66 页

**6** 被动跟骨灵活性训练
每侧 10 秒 / 组，1~2 组，间歇 30 秒
第 67 页

**7** 转脚踝训练
每侧 8~10 次 / 组，1~2 组，间歇 30 秒
第 73 页

**8** 原地勾脚、绷脚训练
每侧 8~10 次 / 组，2~3 组，间歇 30 秒
第 184 页

**9** 站姿单脚提踵等长训练
每侧 6~8 次 / 组，2~3 组，间歇 30 秒
第 180 页

**10** 提踵行走训练
10~15 米 / 组，2~3 组，间歇 30 秒
第 182 页

## 进阶方案

**1** 婴儿式呼吸训练
10~15 次 / 组，2~3 组，间歇 30 秒
第 41 页

**2** 筋膜球按压足底训练
每侧 30~60 秒 / 组，1~2 组，无间歇
第 51 页

**3** 筋膜球按压小腿前侧扳机点训练
每侧 30~60 秒 / 组，1~2 组，无间歇
第 46 页

**4** 筋膜球按压小腿后侧扳机点训练
每侧 30~60 秒 / 组，1~2 组，无间歇
第 47 页

**5** 被动跟骨灵活性训练
每侧 10 秒 / 组，1~2 组，间歇 30 秒
第 67 页

**6** 脚趾支撑坐姿训练
60~120 秒 / 组，1~2 组，间歇 30 秒
第 61 页

**7** 单脚站半泡沫轴（反向）四点触地训练
每侧 8~10 次 / 组，2~3 组，间歇 30 秒
第 148 页

**8** 站半泡沫轴（反向）弓步训练
每侧 8~10 次 / 组，2~3 组，间歇 30 秒
第 152 页

**9** 哑铃站姿提踵等长训练
6~8 次 / 组，2~3 组，间歇 30 秒
第 200 页

**10** 哑铃站姿提踵横向行走训练
10~15 米 / 组，2~3 组，间歇 30 秒
第 205 页

# 作 者 简 介

**闫琪**

国家体育总局体育科学研究所研究员，博士，博士生导师；美国国家体能协会认证的星级体能训练专家（CSCS*D）；FMS 国际认证讲师，FMS、SFMA 高级认证专家；国家体育总局教练员学院培训讲师，中国体育科学学会体能训练师、运动处方师培训讲师；中华人民共和国国家卫生健康委员会国家健康科普专家库专家；著有"人体运动功能强化及损伤预防训练丛书"，该丛书获中华人民共和国科学技术部 2023 年度全国优秀科普作品奖；多名奥运冠军的体能教练；获北京奥运会突出贡献奖、奥运会科技先进个人，全国体育事业先进个人等奖项。

# 模 特 简 介

**周雨**

美国明尼苏达大学在读体育管理硕士；
美国明尼苏达大学传播学学士；
全国跳水冠军；
美国全国大学体育协会（NCAA）跳水冠军；
原北京市跳水队队员。

**韩晓薇**

河北师范大学体育教育训练学硕士；
西安体育学院舞蹈表演学士；
全国健美操冠军；
国家一级健美操运动员；
国家一级健美操裁判员；
国家一级啦啦操教练员。

# 绘 图 者 简 介

**乌鸦**

80 后品牌设计师；
健身漫画作者；
连载作品包括《健身冷知识》《全网最扎心健身真相》和《健身怪谈》。